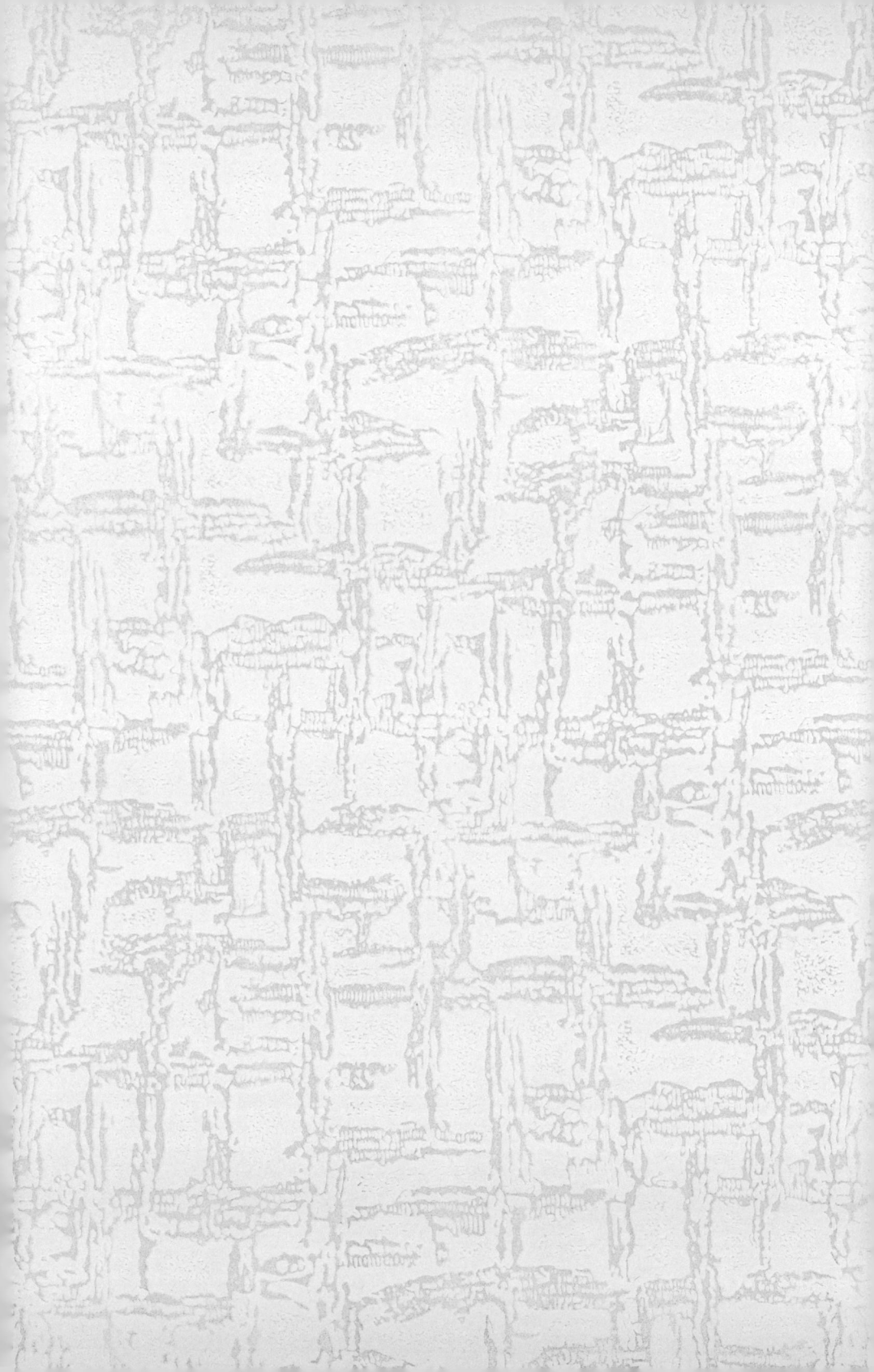

詳密註釋 通鑑諺解 【卷之十】

明文堂編輯部 校閱

明文堂

詳密註釋 通鑑諺解【卷之十】目次

卷十 梁紀
　　　高祖武帝 ………… 三一
　　　太宗簡文帝 ……… 三二
　　　世祖孝元帝 ……… 三七
　　　敬帝 ………………… 四一
陳紀
　　　高祖武帝 …………… 四三
　　　世祖文帝 …………… 四四
　　　臨海王 ……………… 四四
　　　高宗宣帝 …………… 五三
　　　長城公 ……………… 六一
隋紀
　　　高祖文皇帝 ………… 七六
　　　煬皇帝 ……………… 八六
　　　恭帝 ………………… 一〇六
唐紀
　　　高祖神堯皇帝

通鑑諺解卷之十

梁紀　附北朝東魏

高祖武帝 姓蕭名衍 在位四十八年　壽八十六

(壬午) 齊中興二年○梁高祖天監元年○魏景明三年○是歲齊亡梁代之

齊ㅣ進大司馬衍하야都督中外諸軍事고詔進大司馬位相國야總百揆揚州牧고封十郡爲梁公이러니二月에詔梁公을進爵爲王하다

齊ㅣ大司馬衍을進하야中外諸軍事를都督하고詔하야大司馬位相國을進하야百揆揚州牧을總하고十郡을封하야梁公을삼앗더니二月에梁公을詔하야爵을進하야王을삼다

齊主ㅣ下詔하야禪位于梁王하고卽皇帝位하다

齊主ㅣ詔를下하야位를梁王에게禪하고皇帝位에卽케하다

(甲申) 魏正始元年魏ㅣ詔營繕國學하다

魏ㅣ詔하야國學을營繕하다

(百揆)揆는度也揆度庶政之官也

時에魏ㅣ平寧이日久에學業이大盛ᄒᆞ야燕齊趙魏之間에敎授者ㅣ不可勝數며弟子著錄이多者ᄂᆞᆫ千餘人이오少者ᄂᆞᆫ猶數百이더라州學茂異ᄒᆞ고郡貢孝廉ᄒᆞ야每年逾衆이러라

時에魏ㅣ平寧이日久ᄒᆞ매學業이大盛ᄒᆞ야燕齊趙魏의間에敎授ᄒᆞᄂᆞᆫ者ㅣ不可勝數라弟子著錄이多ᄒᆞᆫ者ᄂᆞᆫ七千餘人이오少ᄒᆞᆫ者ᄂᆞᆫ오히려數百이라州에茂異ᄅᆞᆯ擧ᄒᆞ고郡에孝廉을貢ᄒᆞ야每年에逾衆ᄒᆞ더라

十月에梁이大擧伐魏ᄒᆞ다

十月에梁이大擧ᄒᆞ야魏ᄅᆞᆯ伐ᄒᆞ다

(丙戌)梁天監五年 魏正始三年 太子統이生五歲에能遍誦五經이어ᄂᆞᆯ始自禁中도 出居東宮ᄒᆞ다

太子統이生ᄒᆞᆫ지五歲에能히經을遍誦ᄒᆞ거ᄂᆞᆯ비로소禁中으로붓허東宮에出居케ᄒᆞ다

(太子統) 諡曰昭明

(己丑)梁天監八年 魏永平二年 十一月에魏主ㅣ專尙釋氏ᄂᆞᆫ遠近이承風ᄒᆞ야無不事佛이라此及延昌히州郡에共有一萬三千餘寺러라

(延昌)世宗宣武帝恪之末年號

十一月에 魏主ㅣ 釋氏를 專尚하니 遠近이 風을 承하야 事佛치안는이가 無한지라 延昌에 比及하기 州郡에 共히 一萬三千餘寺가 有하더라

(乙未)梁天監十四年 魏延昌四年

正月에 魏主ㅣ 殂하고 太子詡ㅣ 即皇帝位하니 〔宣武長子世宗孝明皇帝〕 胡太后ㅣ 臨朝稱制하고 于忠이 居門下總宿衞하야 遂專朝廷하다

正月에 魏主ㅣ 殂하고 太子詡ㅣ 皇帝位에 即하니 胡太后ㅣ 臨朝稱制하고 于忠이 門下에 居하야 宿衞를 總하야 드듸여 朝廷을 專하다

胡太后ㅣ 又作永寧寺하고 〔胡太后는 宣武帝恪之后而帝詡母〕

初에 魏世宗이 作瑤光寺未就러니 是歲에 胡太后ㅣ 又作永寧寺하고

極土木之美하야 爲九層浮圖하고 掘地築基하야 下及黃泉하니 浮圖ㅣ 高ㅣ 九十丈이오 上刹이 復高十丈이라 每夜靜에 鈴鐸聲이 聞十

初에 魏世宗이 瑤光寺를 作하얏더니 是歲에 胡太后ㅣ 坐永寧寺를 作할새 土木의 美를 極히하야 九層浮圖를 하고 地를 掘하고 基를 築하야 下로 黃泉에 及하니 浮圖의 高가 九十丈이오 上刹이 다시 十丈이 高한지라 每히 夜靜함의 鈴鐸의 聲

里고 僧房千間에 珠玉錦繡ㅣ 駭人心目니 自佛法이 入中國으로

塔廟之盛이 末之有也러라

皆極土木之美하야 九層浮圖를 하고 地를 掘하고 基를 築하야 下로 黃泉에 及

이 十里에 聞ᄒᆞ고 僧房千間에 珠玉錦繡가 人의 心目을 駭케ᄒᆞ니 佛法이 中國에 入ᄒᆞᆫ 으로붓허 塔廟의 盛ᄒᆞᆷ이 有치 못ᄒᆞ더라

(丁酉) 梁天監十六年○魏肅
宗朋帝詔熙平二年
四月에 梁이 詔以宗廟에 用牲牢ᄂᆞᆫ 有累冥
道ㅣ라 宜皆以麵으로 爲之ᄒᆞ라 ᄒᆞ니 於是에 朝野ㅣ 喧譁ᄒᆞ야 以宗廟에 去牲ᄒᆞ니
乃是不復血食ᄒᆞᆫ이라 梁主ㅣ 竟不從ᄒᆞ더라
四月에 梁이 詔ᄒᆞ야 ᄡᅥ 宗廟에 牲牢를 用ᄒᆞᆷ은 冥道에 累홈이 有ᄒᆞᆫ지라 맛당히 다 麵으
로ᄡᅥ 爲ᄒᆞ라 ᄒᆞ니 이에 朝野ㅣ 喧譁ᄒᆞ야 ᄡᅥ 宗廟에 牲을 去ᄒᆞ니 이에 다시 血食치 못
ᄒᆞ다 ᄒᆞ되 梁主ㅣ 맛참니 不從ᄒᆞ더라

(己亥) 魏天監十八年
魏神龜二年
魏殿中尙書崔亮이 爲吏部尙書ᄒᆞ다 亮이 奏爲
格制ᄒᆞ야 不問士之賢愚ᄒᆞ고 專以停解日月로 爲斷ᄒᆞ니 沈滯者ㅣ 皆
稱其能이러라
魏殿中尙書崔亮이 吏部尙書가 되다 亮이 奏ᄒᆞ야 格制ᄒᆞ야 士의 賢愚를 不問ᄒᆞ고 專
히 停解ᄒᆞᆫ 七日月로ᄡᅥ 斷을 ᄒᆞ니 沈滯ᄒᆞᆫ 者ㅣ 다 그 能홈을 稱하더라

洛陽薛令瑊이 昌六 上書言黎元之命이 係於長吏ㅣ니 若以選曹

(停解) 停
官解位也

(銓衡) 稱
量人物也
彙銓衡也
量也

唯取年勞ㅎ고 不簡賢否ㅎ야 義均行雁ㅎ야 次若貫魚 執簿呼名
이에 一吏足矣니 數人而用이면 何謂銓衡이리오
洛陽令薛琡이 上書ㅎ야 言호되 黎元의 命이 長吏에 係ㅎ니 만일 選曹로써 오직 年勞
를 取ㅎ고 賢否를 不簡홀진대 義를 行雁과 均히 하야 次를 貫魚와 갓치 하야 簿를 執ㅎ
고 名을 呼홈인 一吏가 足홀지니 人을 數히 用ㅎ야 엇지 銓衡이라 謂ㅎ리잇고

書奏에 不報러니 其後에 甄琛等이 繼亮爲吏部尙書ㅎ야 利其便已
ㅎ야 踵而行之ㅎ니 魏之選擧失人이 自亮始也라
書를 奏홈이 報치 아니ㅎ고 엿더니 그 後에 甄琛等이 亮을 繼ㅎ야 吏部尙書가 되야 其便
己홈을 利ㅎ야 踵ㅎ야 行ㅎ니 魏의 選擧에 失人이 亮으로붓허 始ㅎ얏더라

(葛榮) 魏
五原降戶

(丙午) 梁普通七年
魏孝昌二年
廣安이라

九月에 魏葛榮이 自稱天子ㅎ고 國號를 齊라ㅎ고 改元
九月에 魏葛榮이 스사로 天子라 稱ㅎ고 國號를 齊라 ㅎ고 元을 廣安이라 改ㅎ다

魏盜賊이 日滋ㅎ야 征討不息ㅎ니 國用이 耗竭ㅎ야 豫徵六年租調되
猶不足이라 乃罷百官所給酒肉ㅎ고 又稅入市者人一錢ㅎ고 又邸

(日蠭)秦關以西冀幷以北省淮沂泗之間皆爲盜區梁之所侵也

店에皆有稅ᄒᆞ니百姓이嗟怨이러라
魏盜賊이日滋ᄒᆞ야征討ㅣ息지아니ᄒᆞ야國用이耗竭ᄒᆞ야미리六年租調ᄅᆞᆯ徵ᄒᆞ되오히려不足ᄒᆞᆫ지라이에百官에게給ᄒᆞᄂᆞᆫ바酒肉을罷ᄒᆞ고市에入ᄒᆞᄂᆞᆫ者人에게一錢을稅ᄒᆞ고坐邸店에다稅가有ᄒᆞ니百姓이嗟怨ᄒᆞ더라

(戊申)梁大通二年○魏孝昌四敬宗孝莊帝攸永安元年

用事ᄒᆞ니政事ㅣ解弛ᄒᆞ고
釋義弛常是反懈怠也

封疆이日蹙이라是時에討虜大都督爾朱榮이
釋義蹙子六反促也釋義蠭爾朱複姓

正月에魏太后ㅣ再臨朝以來로變倖이用事ᄒᆞ야政事ㅣ解弛ᄒᆞ고威恩이不立ᄒᆞ야盜賊이蠭起ᄒᆞ고封疆이日로蹙ᄒᆞᄂᆞᆫ지라이예討虜大都督爾

兵勢彊盛ᄒᆞ니魏朝ㅣ憚之ᄒᆞ더라
其先契胡部落人代爲會師居爾朱川因以爲氏賊之衆如蜂之飛起也

朱榮이兵勢가彊盛ᄒᆞ니魏朝ㅣ憚ᄒᆞ더라

高歡이徃歸榮ᄒᆞ더榮이曰但言爾意라ᄒᆞ야歡이
釋義孽魚列反庶孽者猶木之有蘗生也

曰今天子ㅣ闇弱ᄒᆞ고太后ㅣ淫亂ᄒᆞ야孽孽이擅命ᄒᆞ고朝政이不行ᄒᆞᄂᆞ니以明公雄武로乘時奮發ᄒᆞ면霸業을可擧鞭而成이리이다榮이大悅ᄒᆞ야自是로每

參軍謀ᄒᆞ다

高歡이榮의게往歸ᄒᆞᆫ대滎이曰다만爾의意ᄅᆞᆯ言ᄒᆞ라歡이曰今天子ㅣ闇弱ᄒᆞ고太后ㅣ浮亂ᄒᆞ야嬖孽이命을擅ᄒᆞ고朝政이行치아니ᄒᆞ니明公의雄武흠으로ᄡᅥ時ᄅᆞᆯ乘ᄒᆞ야奮發ᄒᆞ며霸業을可히鞭을擧ᄒᆞ야成ᄒᆞ리이다滎이大悅ᄒᆞ야是로自ᄒᆞ야每히軍謀에參ᄒᆞ다

魏肅宗이亦惡鄭儼徐紇等ᄒᆞ더逼於太后ᄒᆞ야不能去ᄒᆞ고密詔滎ᄒᆞ야

擧兵內向ᄒᆞ야欲以脅太后ㅣ러니滎이以高歡으로爲前鋒ᄒᆞ야行至上黨ᄒᆞ니

魏主ㅣ復以私詔로止之ᄒᆞ다儼紇이恐禍及已ᄒᆞ야陰與太后도謀

酖魏主ᄒᆞ다 耽直 禁反

魏肅宗이㐫ᄒᆞᆫ鄭儼과徐紇等을惡ᄒᆞ되太后에게逼ᄒᆞ야能히去치못ᄒᆞ고密히滎에게詔ᄒᆞ야兵을擧ᄒᆞ고內向ᄒᆞᆫ야ᄡᅥ太后ᄅᆞᆯ脅코자ᄒᆞ더니滎이高歡으로ᄡᅥ前鋒을삼아行ᄒᆞ야上黨에至ᄒᆞ니魏主ㅣ다시私詔로ᄡᅥ止ᄒᆞᆫ다儼紇이禍가己에及ᄒᆞᆯ가恐ᄒᆞ야陰히太后로더브러魏主ᄅᆞᆯ酖ᄒᆞ기謀ᄒᆞ다

二月癸丑에魏主ㅣ暴殂ᄂᆞᆯ大后ㅣ改立故臨洮王寳暉世子

釗호이晉昭의逃호야高反호디隴西邑厲後魏에釗—始生三歲라爾朱榮이聞之호고與元天穆으로議
以彭城武宣王이有忠勳호고其子長樂王子攸ㅣ素有命望이라
欲立之호야四月에榮이濟河호니百官이奉璽綬備法駕호고迎敬宗
於河橋호니名子攸獻文之孫即帝位是爲敬宗孝莊皇帝
二月癸丑에魏主ㅣ暴殂호거늘太后ㅣ改호야臨洮王寶暉의世子釗를立호니釗ㅣ
始生호지三歲라爾朱榮이聞之호고元天穆으로더브러議호야써彭城武宣王이
忠勳이有호고其子長樂王子攸ㅣ素히命望이有호다호야立코즈호야四月에榮이
河를濟호니百官이璽綬를奉호야法駕를備호고敬宗을河橋에셔迎호다
魏北海王顥ㅣ來奔이어늘梁主ㅣ以顥로爲魏王호고遣陳慶之호야將
兵送之還北호다
魏北海王顥ㅣ來奔호거늘梁主ㅣ顥로써魏王을삼고陳慶之를遣호야兵를將호고
送호야北에還호다
(己酉)梁中大通元年魏永安二年 魏顥ㅣ與陳慶之로進拔榮陽城호고即帝位於
睢陽城南호다

(爾朱兆) 榮之從子
賀拔復姓

魏顥ㅣ陳慶之로브더러 進ㅎ야 滎陽城을 拔ㅎ고 帝位를 睢陽城南에셔 即ㅎ다

五月에 魏顥ㅣ克梁國ㅎ고 引兵西拔滎陽ㅎ니 魏主ㅣ出避顥어늘 顥ㅣ

入洛陽宮ㅎ야 改元建武ㅎ고 慶之以數千之衆으로 自發銍縣

至洛陽히 取三十二城ㅎ고 四十七戰ㅎ니 所向에 皆克ㅎ니라

五月에 魏顥가 梁國을 克ㅎ고 兵을 引ㅎ야 西으로 滎陽을 拔ㅎ니 魏主ㅣ 出ㅎ야 顥를 避ㅎ거늘 顥가 洛陽宮에 入ㅎ야 元을 建武라 改ㅎ고 慶之는 數千의 衆으로써 스스로 銍縣을 發ㅎ야 洛陽에 至ㅎ기 三十二城을 取ㅎ고 四十七戰을 ㅎ니 向ㅎ는 바에 다 克ㅎ지라

爾朱榮이 聞魏主ㅣ北出ㅎ고 馳傳ㅎ야 見魏主於長子ㅎ고 釋義長子註見周威烈王二十三年

行且部分ㅎ야 即日南還이어늘 榮이 爲前驅ㅎ야 與爾朱兆賀拔勝等

進擊顥ㅎ니 顥帥麾下數百騎ㅎ야 南走ㅎ놀 陳慶之ㅣ帥衆東還ㅎ니 所

得諸城이 復降於魏라 顥ㅣ至臨潁縣ㅎ니 卒江豊이 斬之ㅎ야 傳首

洛陽ㅎ다

爾朱榮이 魏主ㅣ北出宮을 聞ㅎ고 馳傳ㅎ야 魏主를 長子에 見ㅎ고 行宮이 坐部分ㅎ

야即日에南還호식榮이前驅가되야爾朱兆와賀拔勝等으로더브러進호야顥을擊
호니顥ㅣ麾下數百騎를帥호야南走호거늘陳慶之ㅣ衆을帥호고東으로還호야得
혼바諸城이다시魏에降호눈지라顥ㅣ臨潁縣에至호니卒江豊이斬호야首를洛陽
에傳호다

九月에梁主ㅣ幸同泰寺호야設四部無遮大會호고釋御服持法
衣호고行淸淨大捨호고素床瓦器고親爲四衆호야講涅槃經이니群
臣이以錢一億萬으로奉贖表請還宮을이어늘三請에乃許호다

九月에梁主ㅣ同泰寺에幸호야四部無遮大會을設호고御服을釋호고法衣를持호
고淸淨을行호며크게捨호고素床瓦器호고親히四衆을爲호야涅槃經을講호니群
臣이錢一億萬으로써贖을奉호야表호야還宮호기를請호거늘三請에乃許호다

(庚戌) 梁中大通二年○魏永 八月에魏爾朱榮이雖居外藩이나遙制朝政 釋義同相利
安三年○睡建明元年 호며樹置親黨호야布列魏主左右호야伺察動靜 反伺候也
이다
樹置親黨호야布列魏主左右야伺察動靜
호니
知이다

八月에魏爾朱榮이비록外藩에居호는朝政을遙制호는지라親黨을樹置호야魏主
左右에布列호야動靜을伺察호니大小를반드시知호는지라

(世隆)榮之從弟時爲僕射
(長廣王)曄太武帝熙子

魏主ㅣ雖受制於榮나然이나性勤政事ㅎ야朝夕不倦ㅎ야數親覽辭訟ㅎ고理寃獄ㅎ니榮이聞之不悅이라魏主ㅣ既外逼於榮ㅎ는恆怏怏不樂ㅎ야不足也樂音洛 遂與城陽王徽로圖榮殺之ㅎ니是夜에爾朱世隆이帥榮部曲ㅎ야焚西陽門ㅎ고出屯河陰ㅎ다

魏主ㅣ비록 榮의게 受制ㅎ나 然ㅎ나 性이 政事에 勤ㅎ야 朝夕에 倦치아니ㅎ야 자조 親히 辭訟을 覽ㅎ고 寃獄을 理ㅎ니 榮이 聞ㅎ고 不悅ㅎ는지라 魏主ㅣ이미 外로 榮의게 逼ㅎ니 恆히 怏怏不樂ㅎ야 드대여 城陽王 徽로더브러 榮을 圖ㅎ야 殺ㅎ니 是夜에 爾朱世隆이 榮의 部曲을 帥ㅎ야 西陽門을 焚ㅎ고 出ㅎ야 河陰에 屯ㅎ다

隆이帥榮部曲ㅎ야焚西陽門ㅎ고出屯河陰ㅎ다

十月에汾州刺史爾朱兆ㅣ聞榮死ㅎ고自汾州로帥騎據晋陽ㅎ더니世隆이至長子ㅎ야는兆ㅣ來會之ㅎ야共推太原太守長廣王曄ㅎ야卽皇帝位ㅎ고大赦改元建明ㅎ이라

十月에 汾州刺史 爾朱兆ㅣ榮이 死홈을 聞ㅎ고 汾州로 붓허 騎를 帥ㅎ고 晋陽에 據ㅎ더니 世隆이 長子에 至ㅎ거늘 兆ㅣ來會ㅎ야 共히 太原太守 長廣王 曄을 推ㅎ야 皇帝位에 卽ㅎ고 大赦ㅎ고 元을 建明이라 改ㅎ다

(敬宗)魏莊帝子攸廟號

(幷肆)二州名

十二月에 魏兆ㅣ 輕兵으로 倍道兼行ᄒᆞ야 從河橋西渡ᄒᆞ다 先是에 敬宗이 以大河深廣으로 謂兆ㅣ 未能猝濟니러 是日에 水不沒馬腹ᄒᆞ고

宗이 以大河深廣으로 謂兆ㅣ 未能猝濟니러 是日에 水不沒馬腹ᄒᆞ고

暴風黃塵이 漲天이라 兆騎ㅣ 叩宮門ᄒᆞ야 宿衛ㅣ 乃覺ᄒᆞ고 彎弓欲射

矢不得發이라 一時散走ᄒᆞ거ᄂᆞᆯ 兆騎執其主ᄒᆞ야 鎭於永寧寺樓上ᄒᆞ더라

遷於晉陽ᄒᆞ야 縊殺之ᄒᆞ다

十二月에 魏兆ㅣ 輕兵으로 倍道兼行ᄒᆞ야 河橋를 從ᄒᆞ야 西渡ᄒᆞ다 先是에 敬宗이 大河가 深廣홈으로ᄡᅥ 兆ㅣ 能히 猝濟치 못ᄒᆞ리라 謂ᄒᆞ더니 是日에 水가 馬腹에 沒치 아니ᄒᆞ고 暴風黃塵이 天에 漲ᄒᆞᆫ지라 兆騎ㅣ 宮門을 叩ᄒᆞ거ᄂᆞᆯ 宿衛가에 覺ᄒᆞ고 弓을 彎ᄒᆞ야 射코자 ᄒᆞ니 곰 發치 아니ᄒᆞ는지라 一時에 散走ᄒᆞ거ᄂᆞᆯ 兆騎ㅣ 其主를 執ᄒᆞ야 永寧寺樓上에 鎭ᄒᆞ얏더니 晋陽에 遷ᄒᆞ야 縊殺ᄒᆞ다

魏初에 葛榮部衆이 流入幷肆者二十餘萬이 爲契胡陵暴ᄒᆞ야

皆不聊生ᄒᆞ야 謀亂不止ᄒᆞ니 兆ㅣ 患之ᄒᆞ야 問計於高歡ᄒᆞ더 歡이 曰宜

選王腹心야 使統之라ᄒᆞ고 兆ㅣ 遂以其衆을 委焉ᄒᆞ다

魏初에 葛榮部衆이 幷肆에 流入ᄒᆞᆫ 者二十餘万이 契胡의 陵暴홈이 되야 다 聊生치 못

ᄒᆞ야謀亂홈이不止ᄒᆞ거늘ㅣ患ᄒᆞ야計ᄅᆞᆯ高歡의게問ᄒᆞᄃᆡ歡이曰맛당히王의腹心

을選ᄒᆞ야ᄒᆞ야今統ᄒᆞ라ᄒᆞᆫᄃᆡ兆ㅣ드ᄃᆡ여그衆으로ᄡᅥ委ᄒᆞ다

歡이以兆醉로 恐醒而悔之ᄒᆞ야 遂出宣言ᄒᆞᄃᆡ 受委ᄒᆞ야 統州鎭兵

可集汾東ᄒᆞ야 受號令ᄒᆞ고 乃建牙陽谷川ᄒᆞ니 軍士ㅣ素惡兆而樂

屬歡이라莫不皆至ᄒᆞ더라

歡이兆가醉홈으로ᄡᅥ醒홈이悔ᄒᆞᆯᄭᅡ恐ᄒᆞ야드ᄃᆡ여出ᄒᆞ야言을宣ᄒᆞ되委ᄅᆞᆯ受ᄒᆞ야
州鎭兵을統ᄒᆞ엿스니可히汾東에集ᄒᆞ야號令을受ᄒᆞ라ᄒᆞ고이에牙ᄅᆞᆯ陽谷川에建
ᄒᆞ니軍士가본ᄃᆡ兆ᄅᆞᆯ惡ᄒᆞ고歡의게屬홈을樂ᄒᆞᄂᆞᆫ지라다至ᄒᆞᄂᆞᆫ이엽더라

長史慕容紹宗이 諫曰不可ᄒᆞ다 方今에四方이紛擾ᄒᆞ야 人懷異望

高公은雄才ㅣ 盖世니 復使握大兵於外면 譬如借蛟龍以雲

雨ᄒᆞ야 將不可制矣리이다 兆ㅣ不聽ᄒᆞ다

長史慕容紹宗이諫ᄒᆞ야曰不可ᄒᆞ다方今에四方이紛擾ᄒᆞ야人이異望을懷ᄒᆞ고高
公은雄才가世에盖ᄒᆞ니다시今大兵을外에握ᄒᆞ면譬컨ᄃᆡ蛟龍을雲雨로ᄡᅥ借
홈과如ᄒᆞ야쟝ᄎᆞᆺ可制치못ᄒᆞ리이다兆ㅣ聽치아니ᄒᆞ다

(辛亥) 梁中大通三年 ○魏節閔帝恭普泰元 王朗中興元年 二月에 魏爾朱世隆이 以長廣王之命으로

禪位于廣陵王하다

二月에 魏爾朱世隆이 長廣王의 命으로써 位를 廣陵王에게 禪하다

魏高歡이 起兵討爾朱氏하야 以兆ㅣ弒敬宗也러라

魏高歡이 兵을 起하야 爾朱氏를 討하니 兆가 敬宗을 弒함으로써 함이러라

(壬子) 梁中大通四年 ○魏普泰二年孝武帝脩永熙元年 魏歡이 進擊爾朱兆等於鄴하야 大破之하고 遂幽節閔帝於崇訓佛寺하고 更立平陽王脩하니 戊子에 孝武帝ㅣ卽位於東郭之外하야 帝名脩孝莊孫廣平王之子也

兆ㅣ自殺이어늘 盡滅爾朱氏之黨하고

魏歡이 進하야 爾朱兆等을 鄴에 擊하야 大破하니 兆ㅣ自殺하거늘 다시 爾朱氏의 黨을 滅하고 드듸여 節閔帝를 崇訓佛寺에 幽하고 다시 平陽王修를 立하니 戊子에 孝武帝ㅣ位를 東郭의 外에 卽하고 節閔帝를 門下省에 酖하다

酖節閔帝於門下省하다

(癸丑) 梁中大通五年 魏永熙二年 魏賀拔岳이 遣使詣晉陽하야 與歡으로 約爲兄弟 (賀拔岳勝之弟也)

司馬宇文泰ㅣ自請詣晉陽ᄒᆞ야 以觀歡之爲人ᄒᆞ니 歡이 奇其狀
貌曰此兒ㅣ視瞻이 非常ᄒᆞ니 將留之ᄒᆞ리라 泰ㅣ固求復命ᄒᆞᆫ대 歡이 旣
遣而悔之ᄒᆞ다
魏賀拔岳이 使를 遣ᄒᆞ야 晉陽에 詣ᄒᆞ야 歡의 爲人을 觀ᄒᆞ니 歡이 그 狀貌를 奇히 여기거늘 司馬宇文泰ㅣ 自請ᄒᆞ야 晉陽에 詣ᄒᆞ야 드러 約ᄒᆞ야 兄弟가 되거늘 歡의 爲人을 觀ᄒᆞ니 그 狀貌를 奇히 여기거늘 司馬宇文
兒가 視瞻이 非常ᄒᆞ니 장ᄎᆞᆺ 留ᄒᆞ라 ᄒᆞᆫ대 泰ㅣ 구지 復命을 求ᄒᆞ거늘 歡이 이믜 遣ᄒᆞ고
悔ᄒᆞ다
泰ㅣ至長安ᄒᆞ야 謂岳曰高歡이 所以未簒者ᄂᆞᆫ 正憚公兄弟爾니
公이 但潛爲之備ᄒᆞ면 圖歡不難이리다 岳이 大悅ᄒᆞ야 以夏州ㅣ 被邊要
重으로 欲求良刺史ᄒᆞ야 以鎭之ᄒᆞᆫ대 衆이 擧宇文泰ᄅᆞᆯ 岳이 表用之ᄒᆞ다
泰가 長安에 至ᄒᆞ야 岳ᄃᆞ러 謂ᄒᆞ야 曰高歡이 簒치 아니ᄒᆞᄂᆞᆫ 밧者ᄂᆞᆫ 正히 公의 兄弟가 憚
ᄒᆞ이니 公이 만潛히 備ᄒᆞᆯ을 爲ᄒᆞ면 歡을 圖ᄒᆞ기 難치 아니리다 岳이 大悅ᄒᆞ야 夏州가 被
邊ᄒᆞᆫ 要重임으로ᄡᅥ 良刺史를 求ᄒᆞ야ᄡᅥ 鎭코자 ᄒᆞᆫ대 衆이 宇文泰를 擧ᄒᆞ거ᄂᆞᆯ 岳이 表
ᄒᆞ야 用ᄒᆞ다

(甲寅)梁中大通六年○魏永熙三年○東魏孝靜帝善見天平元年○是歲魏分爲二凡三國中軍將軍王思政이言於魏主

日高歡之心은昭然可知라洛陽은非用武之地오宇文泰는乃

心王室니니今往就之야還復舊京이면何慮弗克이리

中軍將軍王思政이魏主의게言ᄒᆞ야日高歡의心은昭然히可知ᄒᆞ지라洛陽은用武의地가아니오宇文泰는이에王室에心ᄒᆞ니今에往就ᄒᆞ야舊京을還復ᄒᆞ면엇지못ᄒᆞᆷ을慮ᄒᆞ리잇고

魏主深然之야以五千騎로西出長安나泰ㅣ備儀衛고迎帝謁見於東陽驛ᄒᆞ니魏主ㅣ遂入長安야以泰로爲尙書令고軍國之政을咸取決焉ᄒᆞ다

魏主ㅣ深히然히ᄒᆞ야五千騎로ᄡᅥ西으로出ᄒᆞ야長安에出ᄒᆞ니泰ㅣ儀衛를備ᄒᆞ고帝를迎ᄒᆞ야東陽驛에謁見ᄒᆞ야거ᄂᆞᆯ魏主ㅣ드듸여長安에入ᄒᆞ야泰으로ᄡᅥ尙書令을삼고軍國의政을다取ᄒᆞ야決ᄒᆞ다

十月에魏丞相歡이至洛陽야集百官耆老고立淸河世子善見ᄒᆞ야爲帝ᄒᆞ니孝靜帝ㅣ卽位於城東北ᄒᆞ고遷都鄴다世稱東魏始於此

十月에 魏丞相歡이 洛陽에 至ᄒᆞ야 百官者老ᄅᆞᆯ 集ᄒᆞ고 淸河世子善見을 立ᄒᆞ야 帝ᄅᆞᆯ 삼으니 孝靜帝ᅵ 位ᄅᆞᆯ 城東北에 即ᄒᆞ고 都ᄅᆞᆯ 鄴으로 遷ᄒᆞ다

魏孝武帝ᅵ 復與泰로 有隙이라 十二月에 魏主ᅵ 飮酒遇酖而殂ᄒᆞ니 泰ᅵ 乃奉太宰南陽王寶炬而立之ᄒᆞ다

魏孝武帝다시 泰로더브러 隙이 有ᄒᆞᆫ지라 十二月에 魏主ᅵ 酒ᄅᆞᆯ 飮ᄒᆞ고 酖을 遇ᄒᆞ야 殂ᄒᆞ니 泰ᅵ 이에 太宰南陽王寶炬ᄅᆞᆯ 奉ᄒᆞ야 立ᄒᆞ다

(乙卯)大統元年○東魏天平二年 正月朔에 魏文帝ᅵ 即位ᄒᆞ야 帝名寶炬 孝文之孫 進丞相泰ᄒᆞ야 爲安定公ᄒᆞ다

正月朔에 文帝ᅵ 即位ᄒᆞ야 丞相泰ᄅᆞᆯ 進ᄒᆞ야 安定公을 삼다

東魏ᅵ 封丞相歡之子洋ᄒᆞ야 爲太原公ᄒᆞ다

東魏가 丞相歡의 子洋을 封ᄒᆞ야 太原公을 삼다

東魏ᅵ 以定州刺史侯景으로 兼尙書右僕射南道行臺ᄒᆞ야 督諸將入寇ᄒᆞ다 十月에 景이 進軍淮上ᄒᆞ늘 陳慶之ᅵ 擊破之ᄒᆞ니 景이 棄輜重走ᄒᆞ다

(四事)一曰今北邊一生户口之殷不堪天訓是
稽服正教訓是
之時聚而口減
落郡侵郡縣不堪
敢州責縣牧人
不耶廉欲徵民
守此白使俗人
得下日之過侈
陸下三豊非儉
海不四可今欲
勞憂勤百詭
司奏事於誠
競至不不公
願求進體
論大誳
平責其
之效

東魏—定州刺史侯景으로써尙書右僕射南道行臺를兼ㅎ야諸將을督ㅎ야入寇케ㅎ다十月에景이軍을淮上에進ㅎ거늘陳慶之—擊破ㅎ니景이輜重을棄ㅎ고走ㅎ다

(乙丑)十一年○東魏武定三年梁賀琛이啓陳四事ㅎ야言奢侈賦役之弊

梁賀琛이四事를啓陳ㅎ야奢侈賦役의弊를言ㅎ거늘梁主—切責ㅎ다

梁主—切責之ㅎ다

梁主의爲人이孝慈恭儉ㅎ고博學能文ㅎ고陰陽卜筮와騎射聲律과草隸圍碁를無不精妙ㅎ고勤於政務ㅎ야冬月四更에竟即起視事ㅎ야執筆觸寒ㅎ야手爲皴裂이러라 皴七倫反釋義皴細皮起也

梁主의爲人이孝慈恭儉ㅎ고博學能文ㅎ고陰陽과卜筮와騎射와聲律과草隸와圍碁을精妙치아니홈이無ㅎ고政務에勤ㅎ야冬月에四更에竟히即起ㅎ야事를視ㅎ시 筆을執ㅎ이寒을觸ㅎ야手가皴裂ㅎ더라

自天監中으로用釋氏法ㅎ야長齋斷魚肉ㅎ고日止一食ㅎ되惟菜羹糲飯而已오糲即葛反又力制反釋義所謂脫粟飯也

自天監中에또用釋氏法ㅎ야長齋斷魚肉ㅎ고日止一食ㅎ되惟菜羹糲飯而已或遇事繁ㅎ야日移中則漱口以

其識慮之
心則下安
上謚四日
今天下無
事省事省
費養民聚
財奏梁王大啓
怒切責之

過고身衣布衣고木綿皂帳고一冠三載고一衾二年고後宮貴
妃以下ㅣ衣不曳地고衣釋曳義以制反引也衣長不被土性不飲酒야非宗廟祭祀太
饗宴及諸法事ㅣ면未嘗作樂고雖居暗室나恒理衣冠小坐고
盛暑에未嘗袒고袒襲待旱反去文反對內竪小臣을如遇大賓나然이優
假士人고大過牧守고多侵漁百姓야使者ㅣ干擾郡縣라이러
天監中으로부터釋氏法을用하야기리齋하야魚肉을斷하고日로一食에止하되오
직菜羹糲飯다믐이오或事繁을遇하야日이移中하즉口를嗽하고써過하고
身에布를衣하고木綿으로皂帳하고一冠으로三載하고一衾으로二年하고後宮과
貴妃州下ㅣ衣가地에曳치안케하야性이酒를飮치아니하야宗廟祭祀大饗宴과밋
諸法事가아니면일작作樂지안코비록暗室에居하나항상衣冠을理하고小坐하고
盛暑에일즉袒치아니하고內竪小臣을對함갓치아니하고大賓을遇함갓치하고然나士
人을優假하고牧守를大過하고百姓을侵漁홈이多하야使者가郡縣을干擾하더
라

(小人)周石珍米异蠱也

又好親任小人ᄒ야頗傷苛察ᄒ고多造塔廟ᄒ야公私ㅣ費損ᄒ고江南이久安애風俗이奢靡故로深奏及之다
또小人을親任ᄒ기好ᄒ야자못苛察에傷ᄒ고多히塔廟를造ᄒ야公私ㅣ費損ᄒ고江南이久安ᄒ야風俗이奢靡ᄒᆫ故로深奏의及ᄒ다
上이敦尙文雅ᄒ고踈簡刑法ᄒ야自公卿大臣도咸不以鞠獄爲意ᄒ니奸吏ㅣ招權弄法ᄒ야貨賂成市ᄒ야枉濫者ㅣ多더라
上이文雅를敦尙ᄒ고刑法을踈簡히ᄒ야公卿大臣으로브터다鞠獄으로써意치아니ᄒ니奸吏가權을招ᄒ고法을弄ᄒ야貨賂가市를成ᄒ야枉濫ᄒᄂ者ㅣ多ᄒ더라
時에王侯子弟ㅣ多驕淫不法ᄒ되上은年老ᄒ야厭於萬幾ᄒ고又專
精佛戒ᄒ야每斷重罪則終日不懌ᄒ고或謀反逆이라事覺ᄒ면亦泣
而宥之ᄒᄂ니由是로王侯ㅣ益橫ᄒ야或白晝에殺人於都街ᄒ고或晝
夜에公行剽掠ᄒ야有罪亡命者ㅣ匿於主家ᄒ되有司ㅣ不敢搜
捕ᄒ니上이深知其弊나而溺於慈愛ᄒ야不能禁也ㅣ러라

（停寺省）同泰寺有
便省上臨
幸時居之
故言留便於省
同泰寺停便省
省也

時에王侯子弟ㅣ驕淫不法호미多호딕上은年老호야萬幾에厭호고坐佛戒를專精
호야미양重罪를斷호딕終日토록不懌호고宥호니由時로干侯가益橫호야或白晝에人을都街에殺호고或晝夜에公行剽
掠호야其弊를知못호나慈愛에溺호야能히禁치못호더라
命혼者ㅣ主家에匿호딕有司ㅣ敢히搜捕치못호지라

（丙寅）梁中大同元年○魏大統十二年○東魏武定四年 三月에上이幸同泰寺호야遂停寺省호고講三
慧經이러니 是夜에 同泰寺浮圖ㅣ災눌上이日此눈魔也니宜廣爲
法事ㅣ라호고 遂起十二層浮圖호야將成이러니 值侯景亂而止호
다三月에上이同泰寺에幸호야드디여寺省에停호고法事를講홀지라侯景의亂을當호야止호다
寺浮圖ㅣ起호지라上이魔ㅣ맛당히廣히法事를講홀지라고드디여十二層
浮圖를起호야장차成호더니侯景의亂을當호야止호다

（丁卯）梁太淸元年○魏大統十三年○東魏武定五年 正月에 東魏獻武王高歡이卒 다歡의性이
深密호야 終日儼然 니 人不能測이오 機權之際에 變化若神 고 制馭
軍旅 야 法令이嚴肅 고 聽斷이明察 니 不可欺犯이라 由是로文武ㅣ
樂爲之用이러라

正月에 東魏獻武王高歡이 卒ᄒ고 歡의 性이 深密ᄒ야 終日에 儼然ᄒ니 人이 能히 測
지못ᄒ고 機權의 際에 變化가 神과 갓고 軍旅을 制馭ᄒ야 法令이 嚴肅ᄒ고 聽斷이 明
察ᄒ니 可히 欺犯치못ᄒ는지라 由是로 文武가 用ᄒ기를 樂ᄒ더라

侯景이 素輕高澄이라 自念己ㅣ 與高氏로 有隙ᄒ고 內不自安ᄒ야 據
河南叛歸于魏ᄒ고 又遣丁和來ᄒ야 上表言ᄒ되 臣이 與高澄으로 有
隙ᄒ니 請擧十三州ᄒ야 內附ᄒ노이다
侯景이 본ᄃᆡ 高澄을 輕히 흔지라 스스로 己가 高氏로더브러 隙이 有흠을 念ᄒ고 內로
自安치못ᄒ야 河南을 據ᄒ야 魏에 叛歸ᄒ고 坐丁和를 遣ᄒ야 來ᄒ야 上表ᄒ고 言ᄒ
되 臣이 高澄으로더브러 隙이 有ᄒ니 請컨딕 十三州를 擧ᄒ야 內附ᄒ노이다
上이 召羣臣廷議ᄒ니 尙書僕射謝擧等이 皆曰頃歲에 與魏通
和ᄒ야 邊境이 無事ᄒ어늘 今納其叛臣이 竊謂非宜라ᄒ노
上이 羣臣을 召ᄒ야 廷議ᄒ니 尙書僕射謝擧等이 皆曰頃歲에 與魏通
和ᄒ야 邊境이 無事ᄒ거ᄂᆞᆯ 今에 其叛臣을 納홈이 竊謂非宜라ᄒ노
景則塞北을 可淸이니 機會ㅣ 難得이라 豈宜膠柱오리오 然이나 意未決ᄒ야 嘗
獨言ᄒ되 我國家ㅣ 如金甌ᄒ야 無一傷缺이어ᄂᆞᆯ 今忽受景地면 詎是
事宜오리오 脫致紛紜이면 悔之何及이리오

(周弘正
時平西咨
議也)

上이群臣을召호야廷議호니尙書僕射謝擧等이다글오디頃歲에魏로더브러通和
호야邊境이無事호거늘今에其叛臣을納호미竊히非宜라謂호노이다上이曰景을
得흔則塞北을可히淸호리니機會를得키難혼지라엇지맛당히膠柱호리오然호느
意가未決호야일즉獨言호되우리國家ㅣ金甌와如호야엇지一도傷缺홈이無호거늘
今에忽히景의地를受호면엇지이事宜리오만일紛紜을致호야悔혼들엇지及호리
오

朱异ㅣ揣知上意호고 (釋義异 羊吏反) 對曰聖明이御宇홈에南北이歸仰호니拒而
不內호면恐絶後來之望이로소이다上이乃定議納景호야以景으로爲大將
軍고封河南王호다

朱异가上의意를揣知호고對曰聖明이御宇홈에南北이歸仰호나이다上이議를定호고景을納호야景으로
써大將軍을삼고河南王을封호다

周弘正이善占侯호야前此에謂人曰國家ㅣ數年後에當有兵起
호리라호더니及聞納景호고曰亂階ㅣ在此矣라호더라

周弘正이候占호기를善호야前此에人다러謂호야曰國家ㅣ數年後맛당히兵起홈

(入朝于鄴) 東魏都鄴

東魏高澄이 入朝于鄴하다
東魏高澄이 鄴에 入朝하다

東魏靖帝 — 美容儀고 贍力이 過人야 射無不中고 好文學을 從
東魏靖帝ㅣ 容儀가 美하고 贍力이 人에 過하야 射홈에 不中홈이 無하고 文學을 好

容沈雅 時人以爲有孝文風烈이라 大將軍澄深忌之
야 容沈雅하니 時人이 써 孝文의 風烈이 有하다 하거늘 大將軍澄이 깊이 忌하는

帝 — 謀誅澄이라가 事覺 澄이 幽帝於含章堂
지라 帝ㅣ 澄을 誅홈을 謀하다가 事ㅣ 覺하니 澄이 帝를 含章堂에 幽하다

東魏 — 使軍司杜弼 作檄移梁曰侯景이 自生猜貳야 遠託
東魏ㅣ 軍司杜弼로 하야곰 檄을 作하야 梁에 移하야 曰侯景이 猜疑를 自生하야 遠

關隴고 依憑奸僞야 逆主로 定君臣之分고 僞相으로 結兄弟之親
히 關隴에 託하고 奸僞를 依憑하야 逆主로 君臣의 分을 定하고 僞相으로 兄弟의 親을

너 豈曰無恩이리오 終成難養
東魏 — 軍司杜弼로야금 檄을作하야 曰侯景이 猜疑를自生하야 遠

今乃授之以利器 誨之以慢藏니 使其勢得容奸야 時埫乘
便則必自據淮南야 亦欲稱帝리니 亡猿에 禍延林
木고 城門이 失火에 殃及池魚라 其後에 梁室禍敗ㅣ 皆如弼
言이라

結호니엇지굴오디 無恩이라ᄒᆞ리오 만은맛참내 難養ᄒᆞᆷ을 成ᄒᆞᆯ지라
今에 이에 利器로써 授ᄒᆞ얏다가 慢藏으로써 誨ᄒᆞᆯ지니 ᄒᆞ야금 그 勢를 得ᄒᆞ고 奸을 容ᄒᆞ야 ᄯᅩᄒᆞᆫ 稱帝코자 ᄒᆞ리니 다만 楚國이
ᄒᆞ야 時埫乘便ᄒᆞ즉 반드시 스스로 淮南을 據ᄒᆞ야 ᄯᅩᄒᆞᆫ 稱帝코자 ᄒᆞ리니 다만 楚國이
猿을 亡ᄒᆞᆷ이 禍가 林木에 延ᄒᆞ고 城門이 火를 失ᄒᆞᆷ이 殃이 池魚에 及ᄒᆞᆯᄭᅡ 恐ᄒᆞᆫ다ᄒᆞ니
其後에 梁室禍敗가 다 弼의 言과 如ᄒᆞ더라

(戊辰)四年○東魏武定六年

主ㅣ 以景兵이 新破에 未忍移易이라ᄒᆞ야 卽以景으로 爲南豫州牧ᄒᆞ더니 蕭
介ㅣ 上表諫曰竊聞凶人之性이 不移ㄴᄃᆞ니 天下之惡이 一也ㅣ니라
侯景이 以凶狡之才로 荷高歡卵翼之遇라가 歡이 墳土未乾에 卽
還反噬고 逃死關西ᄒᆞ야 宇文이 不容故로 復投身於我ᄒᆞ야 棄鄕國

(戊辰)梁太淸二年○魏大統十四年○東魏武定六年
侯景이 與東魏로 戰敗ᄒᆞ야 自求貶削이어ᄂᆞᆯ 梁

如脫屣ᄒᆞ고釋義屣不躡跟曰脫之者言易棄也 屣背君親을 如遺芥ᄒᆞ니 豈知遠慕聖德ᄒᆞ야
爲江淮之純臣乎리잇고 梁主ㅣ不能用ᄒᆞ더라
侯景이東魏로더부러 戰ᄒᆞ야 敗ᄒᆞ야ᄉᆞᆷ으로 貶削을求ᄒᆞ거늘梁主ㅣ景兵이新破
ᄒᆞᆷ으로차마 移易지못ᄒᆞ겟다ᄒᆞ야곳스스로써南豫州牧을삼은ᄃᆡ蕭介ㅣ表를上
ᄒᆞ야諫ᄒᆞ야曰竊聞컨디凶人의性이不移ᄒᆞᆷ은天下의惡이一이라ᄒᆞ니侯景이凶狡
의才로써高歡卵翼의遇를荷ᄒᆞ다가歡이壙土ㅣ未乾ᄒᆞ매곳還ᄒᆞ야反噬ᄒᆞ고關西
에逃死ᄒᆞ고宇文이不容ᄒᆞᄂᆞ故로다시身을我의게投ᄒᆞ야엇지遠히聖德을慕ᄒᆞ야江淮의純臣되
리히ᄒᆞ고君親을背ᄒᆞᆷ을遺芥ᄒᆞᆷ과如히ᄒᆞ니잇
을知릿고梁主ㅣ能히用치못ᄒᆞ더라
二月에東魏大將軍澄이遣書復求通好ᄒᆞ야늘梁主ㅣ與朝臣으로議
之ᄒᆞ니朱异張綰等이皆曰靜寇息民ᄒᆞᆷ은和實爲便이다ᄒᆞ니
東魏大將軍澄이書를遣ᄒᆞ야다시通好ᄒᆞᆷ을求ᄒᆞ거늘梁主ㅣ朝臣으로더브러議ᄒᆞ
시니朱异張綰等이다ᄀᆞᆯ으ᄃᆡ寇을靜히ᄒᆞ고民을息ᄒᆞᆷ은和와實로便ᄒᆞᆷ이되ᄂᆞ니다
司農卿傅岐ㅣ獨曰高澄이 何事須和오 必是設間ᄒᆞ야 欲令侯
景으로自疑니景意不安ᄒᆞ면必圖禍亂ᄒᆞ리니若許通好ᄒᆞ면正墮其計

中ㅎ리이다
司農卿傳岐가 獨히 글오디 高澄이 何事로 利를 須ㅎ는고 반드시 이 間을 設ㅎ야 候景으로 ㅎ야곰 自疑케 ㅎ고 자 ㅎ이니 景의 意가 不安ㅎ면 반드시 禍亂을 圖ㅎ리니 만일 通好를 許ㅎ면 正히 其計中에 墮ㅎ리이다

异等이 固執宜和ㅎ어늘 梁主ㅣ 亦厭用兵ㅎ야 乃從異言ㅎ니 景이 果爲反計라 臨賀王正德이 所至에 貪暴不法ㅎ야 屢得罪於梁主는 由是모 憤恨ㅎ야 陰養死士ㅎ고 儲米積貨ㅎ고 幸國家有變ㅎ야 景이 知之ㅎ고 致賤於正德日 今天子ㅣ年尊에 姦臣이 亂國ㅎ니 大王이 屬當儲貳ㄹ 中被廢黜ㅎ니 四海業業ㅎ야 歸心大王ㅎ니 景이 雖不敏이 實思自効ㅎ노니 願王은 允副ㅎ쇼셔

异等이 固執ㅎ야 和홈이 宜ㅎ다 ㅎ거늘 梁主ㅣ 또 用兵을 厭ㅎ야 이에 异의 言을 從ㅎ니 景이 果하 反計를 ㅎ는지라 臨賀王正德이 至ㅎ는바에 貪暴不法ㅎ야 자조 罪를 梁主에게 得ㅎ니 由是로 憤恨ㅎ야 陰히 死士를 養ㅎ고 米를 儲ㅎ며 貨를 積ㅎ야 國家에 有變홈을 幸히 여기거늘 景이 知ㅎ고 正德의게 致賤ㅎ야 曰 今에 天子ㅣ年尊ㅎ심이 姦

臣이國을亂ᄒᆞ니大王이屬當儲貳ᄒᆞ되廢黜을中被ᄒᆞ야四海가業々ᄒᆞ야大王에歸心ᄒᆞᄂᆞᆫ지라景이비록不敏ᄒᆞ나實로自効홈을思ᄒᆞ노니願컨딘王은允副ᄒᆞ소셔

正德이大喜曰機事ᄂᆞᆫ在速이니今其時矣라ᄃᆡ景이反於壽陽ᄒᆞ야梁主ㅣ以臨賀王正德으로為平北將軍ᄒᆞ야都督京師諸軍事ᄒᆞ야屯丹陽郡ᄒᆞ니正德이遣大船數十艘ᄒᆞ야詐稱載荻ᄒᆞ고密以濟景ᄒᆞ니景이自橫江으로濟于釆石ᄒᆞ니有馬數百四와兵八千人이더라

正德이大喜ᄒᆞ야日機事ᄂᆞᆫ速에在ᄒᆞ니今이其時로다景이壽陽에셔反ᄒᆞ거늘梁主ㅣ臨賀王正德으로ᄡᅥ平北將軍을삼아京師諸軍事를都督ᄒᆞ야丹陽郡에屯케ᄒᆞ니正德이大船數十艘를遣ᄒᆞ야詐히載荻ᄒᆞ고ᄡᅥ密히景을濟ᄒᆞᆫᄃᆡ景이橫江으로부터釆石을濟ᄒᆞ니馬數十四과兵八千人이有ᄒᆞ더라

至慈湖ᄂᆞᆫ是時에梁興四十七年에境內ㅣ無事ᄒᆞ야公卿在位及閭里士大夫ㅣ罕見兵甲이러니賊至猝迫ᄒᆞ니公私駭震ᄒᆞᄂᆞᆫ지라正德이守宣陽門ᄒᆞᆫ이라帥衆ᄒᆞ고於張侯橋에迎景入宣陽門ᄒᆞ야至闕下ᄒᆞ고

正德이即皇帝位ᄒᆞ다

慈湖에 至ᄒᆞ니 是時에 梁興ᄒᆞᆫ지 四十七年에 境內가 無事ᄒᆞ야 公卿在位와 밋 閭里士大夫가 兵馬를 罕見ᄒᆞ엿더니 賊이 猝迫ᄒᆞ야 至ᄒᆞ니 公私ㅣ駭震ᄒᆞᄂᆞᆫ지라 正德이宣陽門을 守ᄒᆞ다가 衆을 帥ᄒᆞ고 張侯橋에셔 景을 迎ᄒᆞ야 宣陽門에 入ᄒᆞ야 闕下에 至ᄒᆞ고 正德이 皇帝位에 即ᄒᆞ다

(己巳) 梁太清三年○魏大統十五年○東魏武定七年

正月에 侯景이 百道攻城ᄒᆞ야 晝夜不息이어ᄂᆞᆯ 梁主ㅣ 聞城已陷ᄒᆞ고 歎曰 自我得之ᄒᆞ고 自我失之니 亦復何恨이리오

正月에 侯景이 百道로 城을 攻ᄒᆞ야 晝夜不息ᄒᆞ거ᄂᆞᆯ 梁主ㅣ 城이 已陷홈을 聞ᄒᆞ고 歎ᄒᆞ야 曰 我로 自ᄒᆞ야 得ᄒᆞ고 我로 自ᄒᆞ야 失ᄒᆞ니 ᄯᅩ 다시 何를 恨ᄒᆞ리오

俄而오 景이 入見於太極東堂ᄒᆞᆯ새 以甲士五百人으로 自衛ᄒᆞ니 景이 稽顙殿下ᄒᆞ야 不敢仰視ᄒᆞ고 汗流被面이라 退謂王僧貴曰 吾ㅣ常跨鞍對陳에 矢刃이 交下而意氣ㅣ 安緩ᄒᆞ야 了無怖心이러니 今見蕭公ᄒᆞ니 使人自懾ᄒᆞᄂᆞ니 豈非天威難犯가 吾不可以再見之뎌라

俄에景이太極東堂에入見홀시甲士五百人으로써自衛 ᄒᆞ얏더니殿下에
稽 ᄒᆞ고敢히仰視치못 ᄒᆞ고汗이流 ᄒᆞ야面에被 ᄒᆞ다가退 ᄒᆞ야王僧貴더러謂 ᄒᆞ야曰
吾가常常鞍을跨 ᄒᆞ고陳을對홈이矢刃이交下 ᄒᆞ되意氣가安緩 ᄒᆞ야怖心이無 ᄒᆞ더
니今에蕭公을見홈이人으로 ᄒᆞ여곰自憎케 ᄒᆞ니엇지天威를難犯홈이아니리오吾
ㅣ可히써再見치못 ᄒᆞ얏다 ᄒᆞ더라

是後에梁主의所求를多不遂志 ᄒᆞ고飮膳도亦爲所裁節이라憂憤
成疾 ᄒᆞ야五月丙辰에梁主ㅣ臥淨居殿이러口苦索蜜不得이라再
曰荷荷라 ᄒᆞ고遂殂 ᄒᆞ니年이八十六이라是日에太子ㅣ即位 ᄒᆞ
ᄒᆞ다
이後에梁主의求 ᄒᆞ는바를多히遂志치아니 ᄒᆞ고飮膳도또호裁節호된지라憂憤
成疾 ᄒᆞ야五月丙辰에梁主ㅣ淨居殿에臥 ᄒᆞ얏다가口가苦 ᄒᆞ야蜜을索 ᄒᆞ다가得
지못혼지라再日荷荷라 ᄒᆞ고드듸여殂 ᄒᆞ니年이八十六이라是日에太子ㅣ位에即

六月에梁臨賀王正德이怨侯景이賣己 ᄒᆞ야密書로召鄱陽王範
使以兵入 ᄒᆞ니려景이遮得其書 ᄒᆞ고 釋義遮得謂遮截於路而得之 ᄒᆞ야縊殺之 ᄒᆞ다
ᄒᆞ다
六月에梁臨賀王正德이侯景이賣己홈을怨 ᄒᆞ야密書로鄱陽王範을召 ᄒᆞ야곰

兵으로써入호,라호,엿더니景이 書를遮得호고縋殺호다

八月에東魏高澄이爲蘭京所殺호다 時에變이起倉猝호야內外震駭
라太原公洋이聞之호고 指麾部分호야入討羣賊호야斬而縋之호다
至야大會文武호니神彩英暢호고言辭敏洽호야衆皆大驚러라澄의政
令이有不便者를洋이皆改之호다

八月에東魏高澄이蘭京의殺혼빅되다時에變이倉猝에起호야內外가震駭호는지라太原公洋이告部分을指麾호야羣賊을入討호야斬호야縋호다洋이至호야文武를大會호니神彩가英暢호고言辭가敏洽호야大驚호더라澄의政令에不便혼者ㅣ有호믈洋이다改호다

十二月에梁始興太守陳霸先이結郡中豪傑호야欲討侯景호야
郡人侯安都와張偲等이各帥衆千餘人고歸之어늘遣使야間道
詣江陵야受湘東王繹節度다

十二月에魏始興太守陳霸先이郡中豪傑을結호야侯景을討코즈홀서郡人侯安都와張偲等이各히衆千餘人을帥호고歸호거늘使를遣호야間道로江陵에詣호야湘

(陳霸先)
字興國吳
興長城人
自云漢大
其本甚微
興長城人
爲之
陳後
高也
祖是

東王繹의 節度를 受ᄒᆞ다

太宗簡文帝 名綱武帝 第三子 在位二年 壽四十九

(庚午) 梁太宗大寶元年○魏大統十六年○東魏武定八年○齊顯祖文宣帝高洋天保元年○是歲東魏亡齊代

東魏가 太原公高洋을 進ᄒᆞ야 丞相齊郡王을 位ᄒᆞ고 詔를 下ᄒᆞ야 齊王에게 位를 禪ᄒᆞ니 王이 皇帝位에 卽ᄒᆞ다

位丞相齊郡王ᄒᆞ고 下詔禪位於齊王ᄒᆞ니 王이 卽皇帝位ᄒᆞ다

稱大清ᄒᆞ고 四年丙午에 繹이 下令ᄒᆞ야 大擧討侯景ᄒᆞ서 移檄遠近ᄒᆞ다

梁湘東王繹이 以天子ㅣ 制於賊臣이라 不肯從大寶之號ᄒᆞ고 猶

梁湘東王繹이써 天子ㅣ 賊臣에게 制ᄒᆞ얏다 ᄒᆞ야 大寶의 號를 肯從치 아니 ᄒᆞ고 오히려 大淸이라 稱ᄒᆞ고 四年丙午에 繹이 下令ᄒᆞ야 大擧ᄒᆞ야 侯景을 討ᄒᆞ시 檄을 遠近에 移ᄒᆞ다

九月에 梁이 進侯景位相國ᄒᆞ고 封二十郡ᄒᆞᆫ대 自稱漢王ᄒᆞ다

九月에 梁이 侯景을 進ᄒᆞ야 相國을 位ᄒᆞ고 二十郡을 封ᄒᆞᆫ 대 스ᄉᆞ로 漢王이라 稱ᄒᆞ다

(梁臺)臺行臺

魏丞相泰ㅣ 始籍民之才力者야 爲府兵야 身租庸調를 一切蠲之고 以農隙으로 講閱戰陳고 馬畜粮備를 六家共之야 合爲百府고 每府에 一郞將이 主之야 分屬二十四軍다

魏丞相泰ㅣ 바로 소민의 才力者를 籍야 府兵을 삼아셔 身租庸調를 一切히 蠲고 農隙으로 戰陳을 講閱고 馬畜粮備를 六家가 供히 合야 百府를 삼고 每府에 一郞將이 主야 二十四軍에 分屬다

(辛未)梁大寶二年○魏大統十七年○齊天保二年三月에 魏主ㅣ 殂고 太子欽이 立다

三月에 魏主ㅣ 殂고 太子欽이 立다

齊ㅣ 以湘東王繹으로 爲梁相國고 建梁臺고 摠百揆承制다

齊가 湘東王繹으로 梁相國을 삼고 梁臺를 建고 百揆를 總고 制를 承다

九月에 侯景이 逼梁主야 禪位於豫章王이러니 尋弑之다

九月에 侯景이 梁主를 逼야 位를 豫章王에게 禪야 더니 맛참 殺다

梁王僧辯等이 聞太宗殂고 啓湘東王繹야 請上尊號다

梁王僧辯等이 太宗이 殂음을 聞고 湘東王繹을 啓야 尊號를 請上다

(豫章王
棟)昭明
太子統子
華容公歡
之子也

梁豫章王棟이禪位于景ᄒᆞ니景이即位ᄒᆞ야稱帝于南郊ᄒᆞ고大赦改

元太始ᄒᆞ고라ᄒᆞ고封棟爲淮陰王ᄒᆞ다

梁豫章王이棟에게禪位ᄒᆞ니景이卽位ᄒᆞ야帝를南郊에稱ᄒᆞ고大赦ᄒᆞ고元을太始라改ᄒᆞ고棟을封ᄒᆞ야淮陰王을삼다

世祖孝元帝 名繹武帝 第七子 在位三年 壽四十七

(壬申)梁世祖承聖元年○齊天保三年○魏主欽元年

梁湘東王繹이與王僧辯陳覇先等으로東

擊侯景ᄒᆞ니景兵이大潰ᄒᆞ야與百餘騎로東走ᄒᆞ거ᄂᆞᆯ追及ᄒᆞ야斬之ᄒᆞ다

梁湘東王繹이王僧辯과陳覇先等으로더브러東으로侯景을擊ᄒᆞ니景兵이大潰ᄒᆞ야百餘騎로더브러東走ᄒᆞ거ᄂᆞᆯ追及ᄒᆞ야斬ᄒᆞ다

己丑에梁僧辯等이上表勸進ᄒᆞᆫ대

釋義勸進ᄂᆞᆫ上尊號也

王이答曰淮海長鯨이雖云授首ᄂᆞ

釋義淮海長鯨은喩侯景

且迎都建業이어ᄂᆞ湘東

王答曰淮海長鯨이비록授首ᄒᆞ얏다云ᄒᆞᄂᆞ襄陽短狐

襄陽短狐ᅵ未全革

釋義襄陽短狐ᅵ未全革은釋義太平玉燭喩岳陽王詧革面言變革其面而從也

面ᄒᆞ니太平玉燭을爾ᅵ乃議之

釋義太平玉燭泰階六星平則治四時調曰玉燭

라ᄒᆞ니

己丑에梁僧辯等이表를上ᄒᆞ야進ᄒᆞ기를勸ᄒᆞᆫ대王이答ᄒᆞ야曰淮海長鯨이비록授首ᄒᆞ얏다云ᄒᆞᄂᆞ襄陽短狐ᅵ全혀革面치못ᄒᆞ니太平

玉燭을爾가議ᄒ라

益州刺史武陵王紀ㅣ頗有武畧이러니聞侯景이陷臺城ᄒ고四月에
益州刺史武陵王紀가자못武略이有ᄒ더니侯景이臺城을陷홈을聞ᄒ고四月에皇
帝位에即ᄒ다

即皇帝位ᄒ다

十一月에梁湘東王繹이即位於江陵ᄒ고改元大赦ᄒ다
十一月에梁湘東王繹이江陵에即位ᄒ고元을改ᄒ고大赦ᄒ다

(癸酉)二年○梁承聖一年魏主欽齊天保四年 正月에梁王僧辯이發建康承制ᄒ고使陳
霸先으로代鎭揚州ᄒ다
正月에梁王僧辯이建康을發ᄒ야承制ᄒ고陳霸先으로代금揚州를代鎭ᄒ다

魏太師泰ㅣ廢魏主欽ᄒ고立其弟齊王廓ᄒ다 文帝第四子是爲恭帝
魏太師泰ㅣ魏主欽을廢ᄒ고其弟齊王廓을立ᄒ다

梁主ㅣ好玄談ᄒ야九月에於龍光殿에講老子ᄒ다
梁主ㅣ玄談을好ᄒ야九月에龍光殿에셔老子를講ᄒ다

魏ㅣ遣于謹宇文護楊忠ᄒᆞ야將兵五萬ᄒᆞ야入寇ᄒᆞᆯᄉᆡ梁王詧이帥衆
會之다梁主ㅣ停講ᄒᆞ고內外戒嚴ᄒᆞ더니王琛이至石梵境
上帖然이어ᄂᆞᆯ梁主ㅣ聞而疑之ᄒᆞ야乃復開講ᄒᆞ더니一日에百官이戎服
以聽ᄒᆞ더니丁亥에魏兵이至柵下ᄒᆞ다梁主ㅣ巡城ᄒᆞ야猶口占爲詩ᄒᆞ
야羣臣에亦有和者러라

魏가于謹과宇文護와楊忠을遣ᄒᆞ야兵五萬을將ᄒᆞ야入寇ᄒᆞ
고會ᄒᆞ다梁主가講을停ᄒᆞ고內外가戒嚴ᄒᆞᄂᆞᆫ지라王琛이報ᄒᆞ야ᄃᆡ吾가石梵에至
ᄒᆞ니帖然이러이다梁主ㅣ聞ᄒᆞ고疑ᄒᆞ야이에다시開講ᄒᆞᆫ지―日에百官이
戎服으로聽ᄒᆞ더니丁亥에魏兵이至ᄒᆞ야柵下에至ᄒᆞᄃᆡ梁主ㅣ城을巡ᄒᆞ야오히려口
占ᄒᆞ야詩를爲ᄒᆞ니羣臣이소호和ᄒᆞᄂᆞᆫ者가有ᄒᆞ더라

(甲寅)에魏人이百道攻城ᄒᆞ니反者ㅣ開四門ᄒᆞ고納魏師ᄒᆞᆫᄃᆡ梁主ㅣ
白馬素衣로出降ᄒᆞ다

甲寅에魏人이百道로城을攻ᄒᆞ니反者가四門을開ᄒᆞ고魏師를納ᄒᆞ거ᄂᆞᆯ梁主ㅣ白
馬素衣로出降ᄒᆞ다

魏

魏ㅣ立梁王詧ᄒᆞ야爲梁王고資以荊州之地ᄒᆞ니是爲後梁이라 ｛梁昭明子之附於｝

魏가梁王詧을立ᄒᆞ야梁王을삼고荊州의地로ᄡᅥ資ᄒᆞ니是가後梁이되니라

敬帝 名方智元 帝第九子 在位二年 壽十六

（乙亥）｛梁敬帝紹泰元年○魏恭帝廓二年○齊天保六年○後梁中宗宣帝蕭天定元年○凡四國｝正月에 梁王詧이 卽皇帝位

於江陵ᄒᆞ야上疏於魏ᄒᆞ고則稱臣ᄒᆞ고奉其正朔ᄒᆞ다

正月에梁王詧이皇帝位를江陵에卽ᄒᆞ야魏에上疏ᄒᆞ고곳稱臣ᄒᆞ고其正朔을奉ᄒᆞ다

二月에梁晉安王方智ㅣ至自尋陽ᄒᆞ야卽梁王位ᄒᆞ니時年이十三이라太尉王僧辯으로爲都督中外諸軍事고加陳覇先征西大將軍ᄒᆞ다

二月에梁晉安王方智가尋陽으로브터至ᄒᆞ야梁王位에卽ᄒᆞ니時年이十三이라太尉王僧辯으로ᄡᅥ都督中外諸軍事를삼고陳覇先으로征西大將軍을加ᄒᆞ다

齊ㅣ與王僧辯書ᄒᆞ야 以爲嗣主冲藐ᄒᆞ야 未堪負荷오 貞陽侯淵明은 以年以望으로 堪保金陵ᅵ로 以爲梁主ᄒᆞ야 納於彼國ᄒᆞ라 癸卯에 淵明이 入建康ᄒᆞ야 丙午에 即皇帝位ᄒᆞ고 以晉安王도 爲皇太子다

齊가 王僧辯의게 書ᄅᆞᆯ 與ᄒᆞ야 닐ᄋᆞ되 嗣主가 冲藐ᄒᆞ야 貟荷ᄅᆞᆯ 堪치못ᄒᆞ겟고 貞陽侯淵明은 年과 望으로ᄡᅥ 金陵을 堪保ᄒᆞᆯ지니 梁主을 삼아 彼國에 納ᄒᆞ라 癸卯에 淵明이 建康에 入ᄒᆞ야 丙午에 皇帝位에 即ᄒᆞ고 晉安王을 皇太子를 삼다

辯이 不從ᄒᆞ니 覇先이 乃擧兵襲僧辯ᄒᆞ야 執而縊殺之ᄒᆞ니 貞陽侯淵明이 遜位出就邸ᄒᆞ다 冬十月에 晉安王이 即皇帝位ᄒᆞ다

初에 梁王僧辯이 與陳覇先ᄒᆞ야 共滅侯景ᄒᆞ고 情好ㅣ甚篤이러니 及僧辯이 納貞陽侯淵明ᄒᆞ니 覇先이 遣使苦爭之ᄒᆞ야 往返數四ᄒᆞ되 僧

初에 梁王僧辯이 陳覇先으로더브러 共히 侯景을 滅ᄒᆞ고 情好가 甚篤ᄒᆞ더니 밋 僧辯이 貞陽侯淵明을 納ᄒᆞ야ᄂᆞᆯ 覇先이 使를 遣ᄒᆞ야 苦爭ᄒᆞ야 往反ᄒᆞ지 數四어ᄂᆞᆯ 僧辯이 不從ᄒᆞ엿더니 覇先이이에 兵을 擧ᄒᆞ야 僧辯을 襲ᄒᆞ야 執ᄒᆞ야 縊殺ᄒᆞ니 貞陽侯淵明이 遜位ᄒᆞ고 邸에 出就ᄒᆞ다 冬十月에 晉安王이 皇帝位에 即ᄒᆞ다

初에 魏太師泰ㅣ 以漢魏官繁이라ᄒᆞ야 命蘇綽及尚書令盧辯ᄒᆞ야 依周禮ᄒᆞ야 更定六官ᄒᆞ다

初에 魏太師泰ㅣ 써 漢魏가 官이 繁ᄒᆞ다ᄒᆞ야 蘇綽과밋 尚書令盧辯을 命ᄒᆞ야 周禮를 依ᄒᆞ야 更히 六官을 定ᄒᆞ다

丙子(梁太平元年○魏恭帝三年○齊天保十年) 正月에 魏ㅣ 初建六官ᄒᆞ야 以宇文泰로 爲太師大冢宰ᄒᆞ고 自餘百官은 皆倣周禮ᄒᆞ다

正月에 魏ㅣ 六官을 初建ᄒᆞ야 宇文泰로ᄡᅥ 太師大冢宰를 삼고 自餘百官은 다 周禮를 倣ᄒᆞ다

十月에 魏安定文公宇文泰ㅣ 病에 召中山公護ᄒᆞ야 謂曰 吾ㅣ 諸子ㅣ 皆幼ᄒᆞ고 外寇方疆ᄒᆞ니 天下之事를 屬之於汝ᄒᆞ노니 宜努力ᄒᆞ야 以成吾志ᄒᆞ라 乙亥에 卒ᄒᆞ다

十月에 魏安定文公宇文泰가 病ᄒᆞ거늘 中山公護를 召ᄒᆞ야 謂ᄒᆞ야 曰 吾ㅣ 諸子ㅣ 다 幼ᄒᆞ고 外寇가 方疆ᄒᆞ니 天下의 事를 汝의게 屬ᄒᆞ노니 맛당히 努力ᄒᆞ야 ᄡᅥ 吾志를 成ᄒᆞ라 乙亥에 卒ᄒᆞ다

泰─能駕馭英豪ᄒ야 得其力用ᄒ고 性好質素ᄒ야 不尙虛飾ᄒ고 明達
政事ᄒ고 崇儒好古ᄒ야 凡所施設을 皆依倣三代而爲之
ᄒ더라

泰가能히英豪를駕馭ᄒ야 其用力홈을 得ᄒ고 性이質素홈을 好ᄒ야 虛飾을 不尙ᄒ
고 政事에 明達ᄒ며 儒를 崇ᄒ며 古를 好ᄒ며 무릇 施設ᄒᄂᆞᆫ비를 다 三代를 依ᄒ야 하
더라

(丙子)에 世子覺이 嗣位ᄒ야 爲太師大冢宰ᄒ야 出鎭同州ᄒ니 時年이
十五─라 護─綱紀內外ᄒ야 撫循文武ᄒ니 人心이 遂安ᄒ더라

丙子에 世子覺이 位를 嗣ᄒ야 太師大冢宰가되야 同州에 出鎭ᄒ니 時年이 十五라 護
가 內外를 綱紀ᄒ야 文武를 撫循ᄒ니 人心이 遂安ᄒ더라

十二月에 魏─以岐陽之地로 封世子覺ᄒ야 爲周公ᄒ니 魏宇文護
─以周公이 幼弱으로 欲早使正位ᄒ야 以定人心ᄒ야 庚子에 以魏恭
帝詔로 禪位于周ᄒ다

十二月에 魏가岐陽의 地로써 世子覺을 封ᄒ야 周公을삼으니 魏宇文護─周公이幼
弱홈으로 일즉ᄒ야 금位를 定ᄒ고자 ᄒ야 ᄡᅥ 人心을定코자ᄒ야 庚子에 魏恭帝詔로ᄡᅥ 周

右梁四主合五十六年에禪位ᄒᆞ다

陳紀 附北朝周齊

高祖武帝 名霸先姓陳 氏字興國 在位三年 壽五十七

梁太平二年○陳高祖永定元年○魏恭帝四年○齊天保八年○周孝愍帝字文覺元年○是歲梁魏亡小周代幷齊三大國後梁一小國凡四國 正月에

(寧都公毓毓古育字)

(丁丑)

周公이即天王位ᄒᆞ다 宇文泰事周爲家宰其子覺襲位封周公尋建國爲周始見於此是爲孝愍帝

正月에周公이 即天王位에即ᄒᆞ다

八月에梁이進丞相覇先을爲相國ᄒᆞ야 總百揆ᄒᆞ고封陳公ᄒᆞ다 周晉公護ㅣ弑閔帝ᄒᆞ고寧都公毓이即天王位ᄒᆞ다 閔帝弟是爲世宗明皇帝

八月에梁이丞相覇先을進ᄒᆞ야相國을삼아百揆를總ᄒᆞ고陳公을封ᄒᆞ다周晉公護ㅣ

十月에梁이進陳公爵爲王ᄒᆞ고 辛未에梁敬帝ㅣ禪位于陳ᄒᆞ니陳

閔帝를弑ᄒᆞ니寧都公毓이天王位에即ᄒᆞ다

王이即皇帝位ᄒᆞ다

十月에梁이陳公에게爵을進ᄒᆞ야王을삼고辛未에梁敬帝ㅣ位를陳에禪ᄒᆞ니陳王이皇帝位에卽ᄒᆞ다

(戊寅)陳永定二年○周明帝二年○齊天保九年

正月에周太師護ㅣ上表歸政ᄒᆞᆫ이어ᄂᆞᆯ周主ㅣ始親萬機ᄒᆞ고軍旅之事ᄂᆞᆫ護猶總之다

正月에周太師護ㅣ上表ᄒᆞ야歸政ᄒᆞ거ᄂᆞᆯ周主ㅣ비로소萬機를親ᄒᆞ고軍旅의事ᄂᆞᆫ護가오히려總ᄒᆞ더라

(己卯)陳永定三年○周武成元年○齊天保十年

陳主ㅣ殂ᄒᆞ다陳主ㅣ臨戎制勝ᄒᆞ야英謀獨運而爲政에務崇寬簡이러라臨川王蒨이卽位ᄒᆞ다

陳主ㅣ殂ᄒᆞ다陳主가戎에臨ᄒᆞ야勝을制ᄒᆞ야英謀를獨運ᄒᆞ고政을ᄒᆞᆷ이寬簡을務ᄒᆞ더라臨川王蒨이卽位ᄒᆞ다

八月에周主ㅣ始稱皇帝라ᄒᆞ고改元武成ᄒᆞ다

八月에周主ㅣ바로소皇帝라稱ᄒᆞ고元을武成이라改ᄒᆞ다

九月에齊顯祖ㅣ嗜酒成疾ᄒᆞ야十月에殂ᄒᆞ니太子殷이卽位ᄒᆞ다

九月에齊顯祖ㅣ酒를嗜ᄒᆞ야疾을成ᄒᆞ야十月에殂ᄒᆞ니太子殷이卽位ᄒᆞ다

世祖文帝 名蕭字子華武帝
兄始興王之子 在位七年 壽四十五

(庚辰) 陳世祖天嘉元年○周武成二年○齊主
般乾明元年○肅宗孝昭帝演皇建元年○齊主
四月에周世宗이殂ㅎ고武帝─即位ㅎ다

八月에太皇太后─下令ㅎ야廢齊主爲濟南王ㅎ야出居別宮ㅎ고以
常山王演으로入纂大統케ㅎ니肅宗이即位於晉陽ㅎ다 名演文宣帝之弟是爲肅宗孝昭皇帝

八月에太皇太后가令을下ㅎ야齊主를廢ㅎ야濟南王을삼아別宮에出居케ㅎ고常
山王演으로써入ㅎ야大統을纂케ㅎ니肅宗이位를晉陽에即ㅎ다

(辛巳) 陳天嘉二年○周高祖武帝邕保定
元年○齊世祖武成帝湛太寧元年
十月에齊肅宗이殂ㅎ고世祖─即位ㅎ다

(壬午) 陳天嘉三年○齊河清元年○周
保定二年後梁世宗巋天保元年
後梁主詧이殂ㅎ고太子巋─即位ㅎ다

(甲申) 陳天嘉五年○周保定
四年○齊河清三年 齊主傳位於太子緯ㅎ니太子─即位ㅎ다 世祖之
子是爲
後主

齊主ㅣ位를太子緯에게傳ㅎ니太子ㅣ位에卽ㅎ다

(丙戌)年陳天康元年○周天和元年○齊後主緯天統二年 正月癸酉에陳主ㅣ殂ㅎ고太子ㅣ位에卽ㅎ다

臨海王 名伯宗文帝長子史曰廢帝 在位二年 壽十九

(丁亥)陳廢宗伯大元年○周天和二年○齊天統三年 陳國政이盡歸於安成王頊ㅎ다

(戊子)陳光大二年○周天和四年○齊天統四年 十一月에陳安成王頊이帝를廢ㅎ야臨海王을삼다

(己丑)陳太宗太建元年○周天和五年 正月에陳安成王이卽位ㅎ다

高宗宣帝 名頊始興王第二子 在位十四年 壽五十二

(辛卯)二年陳太建三年○周天和六年○齊武平二年 周楊素ㅣ少多才藝ㅎ고有大志ㅎ야不拘小節이라周主ㅣ命素爲詔書에下筆立成ㅎ고詞義ㅣ兼美ㅎ야周主ㅣ曰

(楊素)楊敷子也後爲淸河公

勉之고勿憂不富貴라 素ㅣ 曰但恐富貴ㅣ 來逼臣이오臣은 無心
圖富貴也ㅣ로소이다

周楊素ㅣ少에才藝가多ᄒ고大志가有ᄒ야小節을不拘ᄒᄂᆫ지라周主ㅣ素를命ᄒ
야詔書를ᄒ이매筆을下ᄒ야立成ᄒ되詞義가兼美ᄒ거늘周主ㅣ골오ᄃᆡ勉ᄒ고富貴
치못ᄒᆞᆷ을憂치말나素ㅣ골오ᄃᆡ만富貴가來ᄒ야臣을逼ᄒᆞᆯ가恐ᄒᆞᆷ이오臣은富貴
를圖ᄒᆞᆯ心이無ᄒ도소이다

(壬辰)三年○周建德元年
陳主ㅣ謀伐齊ᄒ실ᄉᆡ公卿이 各有異同ᄒ되 唯鎭
南將軍吳明徹이 決策請行을이어 壬午에 分命衆軍ᄒ야以明徹
都督征討諸軍事ᄒ야統衆十萬ᄒ야伐齊ᄒ다
陳主ㅣ伐齊ᄒ기를謀ᄒᆞᆯᄉᆡ公卿이同히異同이有ᄒ되오직鎭南將軍吳明徹이策을
決ᄒ고,야行ᄒ기를請ᄒ거늘壬午에衆軍을分命ᄒ야明徹로ᄡᅥ征討諸軍事를都督ᄒ
야衆十萬을統ᄒ야齊를伐ᄒ다

(癸巳)四年○周建德二年
十月에陳吳明徹이攻壽陽ᄒᆞᆯᄉᆡ堰淝水以灌
城ᄒ니齊行臺右僕射皮景和等이 救壽陽가이어 怯懦不敢前ᄒᆞᄂᆞᆫ

明徹이 乃躬擺甲胄호고 四面疾攻호야 一皷拔之호고 生擒王琳王
貴顯盧潛等호야 送建康호고 景和-北遁호다
十月에 陳吳明徹이 壽陽을 攻호니 齊行臺右僕射皮景
和等이 壽陽을 救홀시 怯懦호야 敢히 前치 못호고 泚水를 堰호야 써 城을 灌호니 齊行臺右僕射皮景
和으로 疾攻호야 一皷에 拔호고 王琳과 王貴顯과 盧潛等을 生擒호야 建康에 送호니
景和-北으로 遁호다
齊穆提婆와 韓長鸞이 聞壽陽이 陷고 握槊不輟日假使彼物이라이
從其取去라도 齊主-聞之호고 頗以爲憂어늘 提婆等이 日假使國家
盡失이라도 黃河以南은 猶可作 一龜茲國이라이 齊主-即大喜라러
齊穆堤婆와 韓長鸞이 壽陽이 陷홈을 聞호고 槊을 握호고 輟치 아니호야 日히 彼
物이라 그 取去흠을 從호야도 齊主-聞호고 자못 憂호거늘 提婆等이 日假使國家
로 盡失흘지라도 黃河써 南은 오히려 可히 一龜茲國을 作호리이다 齊主-곳 大喜호
더라
十二月에 陳定州刺史田龍秋-以江北六州七鎭으로 叛入于

齊어安州刺史周炅이擊斬之호고盡復江北之地호다
十二月에陳定州刺史田龍秋ㅣ江北六州七鎭으로써叛호야齊에入호거늘安州刺史周炅이擊斬호고다江北의地를復호다

(乙未)六年○周建德四年
七月에周主ㅣ雲陽宮에如호다大將軍楊堅이姿相이奇偉호지라來和ㅣ嘗謂堅曰公이眼이曙星과如호야不照호는바이無호니맛당히天下에王호려謂호고야굴오디公이眼이曙星과如호야不照호는바이無호니맛당히天下에王호리라

姿相이奇偉라來和ㅣ嘗謂堅曰公이眼如曙星호야無所不照호니當王天下호리라

(丙申)陳太建八年○齊隆化元年○周建德五年
九月에周主ㅣ謂羣臣曰齊朝ㅣ昏亂호야政由群小니百姓이嗷然호야朝不謀夕이라天與不取면恐貽後悔라호고勒諸軍擊齊師호니齊師ㅣ北走호고
九月에周主ㅣ群臣다려謂호야日齊朝ㅣ昏亂호야政이群小에由호니百姓이嗷然호야朝에夕을謀치못호리라天이與호믈取치아니호면後悔를貽홀가恐호노라호고야諸軍을勒호야齊師를擊호니齊師ㅣ北走호고

冬十月에周主ㅣ自將伐齊호야克晋州호고戊申에周主ㅣ至平陽호야齊師ㅣ大潰호야死者ㅣ萬餘人이라

冬十月에周主ㅣ스스로將ᄒᆞ야齊를伐ᄒᆞ야晉州를克ᄒᆞ고戊申에周主ㅣ平陽에至ᄒᆞ야諸軍을勒ᄒᆞ야齊師를擊ᄒᆞ니齊主ㅣ北走ᄒᆞ고齊師ㅣ大潰ᄒᆞ야死者ㅣ萬餘人이라드듸여諸將을帥ᄒᆞ고齊師를追ᄒᆞ되齊主ㅣ晉陽에入ᄒᆞ야憂懼ᄒᆞ야之홀바를不知ᄒᆞ니齊臣이降ᄒᆞᄂᆞᆫ者ㅣ相繼ᄒᆞ더라齊主ㅣ鄴으로還ᄒᆞ니幷州將帥ㅣ安德王延宗을請ᄒᆞ야ᄂᆞᆯ即

位ᄒᆞ다

降者ㅣ相繼ᄒᆞ더라齊主ㅣ還鄴ᄒᆞ니幷州將帥ㅣ請安德王延宗ᄒᆞ야ᄂᆞᆯ即

遂帥諸將ᄒᆞ야追齊師ᄒᆞ야入晉陽ᄒᆞ야憂懼不知所之ᄒᆞ니齊臣

周軍이圍晉陽ᄒᆞ야攻東門克之ᄒᆞ니延宗이 戰力屈ᄒᆞ야走至城北ᄒᆞᆯᄉᆡ

周人이擒之ᄒᆞ고癸酉에周師ㅣ趣鄴ᄒᆞ다

周軍이晉陽을圍ᄒᆞ야東門을攻ᄒᆞ야克ᄒᆞ니延宗이戰ᄒᆞ다가力이屈ᄒᆞ야城北에走ᄒᆞᄂᆞᆯ周人이擒ᄒᆞ고癸酉에周師ㅣ鄴으로趣ᄒᆞ다

(丁酉)年○是歲齊亡陳周二大國後梁一小國凡三國 壬辰에 周師ㅣ至鄴城下ᄒᆞ야

圍之ᄒᆞ고燒城西門ᄒᆞ니齊人이出戰ᄒᆞ거ᄂᆞᆯ周師ㅣ舊擊大破之ᄒᆞ니齊主

一百騎을從ㅎ야東으로走ㅎ거늘追及ㅎ야擒ㅎ다

壬辰에周師ㅣ鄴城下에至ㅎ야圍ㅎ고齊人이出戰ㅎ거늘周師ㅣ奮擊ㅎ야大破ㅎ니齊主ㅣ百騎를從ㅎ야東으로走는지라追及ㅎ야擒ㅎ다

(戊戌)陳太建十年〇周宣帝賛宣政元年 陳主ㅣ聞周人이滅齊ㅎ고欲爭徐克을ㅎ야詔吳明徹ㅎ야督諸軍伐之러니明徹이爲周人所執라將士三萬과并器械輜重이皆沒於周ㅎ다

陳主ㅣ周人이滅齊홈을聞ㅎ고徐克을爭코자ㅎ야吳明徹을詔ㅎ야諸軍을督ㅎ야伐케ㅎ디明徹이周를圍ㅎ고彭城王軌ㅣ引兵ㅎ야固壘ㅎ야衆이潰ㅎ니明徹이周人의게執혼비된지라將士三萬과并히器械輜重이다周에沒ㅎ다

五月에周高祖ㅣ殂ㅎ니年이二十六이라太子ㅣ卽位ㅎ다 子是爲宣帝賛이始立ㅎ야卽逞奢欲ㅎ야大行이在殯ㅎ디曾無戚容이러라

五月에周高祖ㅣ殂ㅎ니年이二十六이라太子ㅣ卽位ㅎ다贇이始立ㅎ야奢欲애逞ㅎ야大行이殯에在호디曾히戚容이無ㅎ더라

(己亥)陳太建十一年○周靜帝闡大象元年

周宣帝ㅣ傳位於太子闡ᄒ고是爲靜帝ㅣ라大赦ᄒ고改元
大象이어라自稱天元皇帝ㅣ라ᄒ야驕侈ㅣ彌甚ᄒ고務自尊大ᄒ야無所顧
憚대이

周宣帝ㅣ位를太子闡에게傳ᄒ고大赦ᄒ고元이라改ᄒ고스스로天元皇帝
라稱ᄒ야驕侈ㅣ彌甚ᄒ고스스로尊大홈을務ᄒ야顧憚ᄒᄂ바가無ᄒ지라

隋公楊堅이私謂大將軍汝南公慶曰天元이實無積德ᄒ고視
其相貌ᄒ니壽亦不長이오又諸藩이微弱ᄒ야各令就國ᄒ야會無深根
固本之計ᄒ니羽翮이既剪ᄒ매何能及遠哉리오

隋公楊堅이私히大將軍汝南公慶다려謂ᄒ야日天元이實로積德이無ᄒ고其相貌
를視ᄒ니壽가도ᄒ지不長ᄒ고또諸藩이微弱ᄒ야各히就國ᄒ야곰深根固本
의計가無ᄒ니羽翮이이미剪ᄒ지라엇지能히遠에及ᄒ리오

(庚子)陳太建十二年周大象二年

周天元이昏暴滋甚ᄒ야喜怒乖度와后父堅이位
望이隆重ᄒ니天元이忌之ᄒ대堅이既爲帝所忌ᄒ야情不自安이러니天

元이備法駕호고幸天興宮호야不豫而還호야是日에天元이殂호다

周天元이昏暴가滋甚호야喜怒ㅣ度를乖호는지라后父堅이位望이隆重호니天元이忌호더니堅이이믜帝의猜忌호비되야情이自安치못호더니天元이法駕를備호고天興宮에幸호다가不豫호고還호야是日에天元이殂호다

以堅으로總知中外兵馬事호니堅이革宣帝苛酷之政호고更爲寬大호야删略舊律호고作刑書要制호야奏而行之호고躬履節儉호니中外ㅣ悅之러라

堅으로總히中外兵馬事를知케호니堅이宣帝의苛酷호政을革호고更히寬大케호야舊律을删略호고刑書要制를作호야奏호야行호고節儉을躬履호니中外가悅호더라

十二月에周ㅣ以大丞相堅으로爲相國호야摠百揆호고進爵爲王호다

十二月에周ㅣ大丞相堅으로相國을삼아百揆를總호고爵을進호야王을삼다

(辛丑)陳太建十三年○周大象三年二月後隋高祖文帝楊堅開皇元年○是歲周亡隋代凡三國二月에

別宮호고命奉皇帝璽綬호야禪位于隋호다

周主ㅣ下詔호야遜位居別宮호고命호야皇帝璽綬를奉호야位룰隋에禪호다

二月에 周主ㅣ 下詔ᄒᆞ야 位ᄅᆞᆯ 遜ᄒᆞ야 別宮에 居ᄒᆞ고 命ᄒᆞ야 皇帝璽綬ᄅᆞᆯ 奉ᄒᆞ야 隋에 禪位ᄒᆞ다

隋ㅣ 蘇威로써 兼納言度支尙書ᄒᆞ고 二月에 隋ㅣ 賀若弼로 爲吳州總管ᄒᆞ야 鎭廣陵ᄒᆞ고 韓擒虎로 爲廬州總管ᄒᆞ야 鎭廬江ᄒᆞ다 隋主ㅣ

有幷呑江南之志ᄒᆞ야 問將帥於高熲ᄒᆞᆫ대 熲이 薦弼與擒虎故로 置於南邊ᄒᆞ야 使潛爲經略ᄒᆞ다

隋ㅣ 蘇威로 納言度支尙書ᄅᆞᆯ 兼ᄒᆞ고 三月에 隋ㅣ 賀若弼로써 吳州總管을 삼아 廣陵을 鎭ᄒᆞ고 韓擒虎로 廬州總管을 삼아 廬江을 鎭ᄒᆞ다 隋主ㅣ 江南을 幷呑ᄒᆞᆯ 志가 有ᄒᆞ야 將帥를 高熲의게 問ᄒᆞᆫ대 熲이 弼과 다못 擒虎를 薦ᄒᆞᄂᆞᆫ 故로 南邊에 置ᄒᆞ야곰 潛히 經略을 ᄒᆞ게 ᄒᆞ다

隋高熲이 與蘇威로 同心協贊ᄒᆞ니 政刑大小를 帝ㅣ 無不與之謀議ᄒᆞ야 然後에 行之故로 革命數年에 天下ㅣ 稱平이러라

隋高熲이 蘇威로더부러 同心協贊ᄒᆞ니 政刑大小를 帝가 더부러 謀議치 아니미 無ᄒᆞ고 然後에 行ᄒᆞᄂᆞᆫ 故로 革命ᄒᆞᆫ지 數年에 天下ㅣ 平ᄒᆞ다 稱ᄒᆞ더라

(壬寅)陳太建十四年 隋開皇二年

春正月에陳主ㅣ殂ᄒᆞ고太子ㅣ即皇帝位ᄒᆞ다

春正月에陳主ㅣ殂ᄒᆞ고太子ㅣ皇帝位에即ᄒᆞ다

長城公 名叔寶字元秀高宗長子史曰後主 在位七年 隋滅之

(乙巳)陳至德三年 隋開皇五年

隋主ㅣ不喜辭華라詔天下ᄒᆞ야公私文翰을 幷宜

實錄ᄒᆞ라 治書侍御史李諤이 亦以當時屬文을體尙輕薄이라ᄒᆞ야

實錄ᄒᆞ라ᄒᆞ니 治書侍御史李諤이 ᄯᅩ當時의屬文으로ᄡᅥ體가오히려輕薄ᄒᆞ다ᄒᆞ야

隋主ㅣ辭華ᄅᆞᆯ不喜ᄒᆞᆫ지라當時의屬文에詔ᄒᆞ야公私文翰을幷히맛당히實錄ᄒᆞ라ᄒᆞ니

上書曰魏之三祖ㅣ崇尙文詞ᄒᆞ야忽君人之大道ᄒᆞ고 好雕蟲之

上書ᄒᆞ야日魏의三祖ㅣ文辭ᄅᆞᆯ崇尙ᄒᆞ야君人의大道ᄅᆞᆯ忽ᄒᆞ고雕虫의小藝ᄅᆞᆯ好ᄒᆞ

小藝ᄒᆞ야下之從上ᄒᆞ야遂成風俗ᄒᆞ야江左齊梁에其弊彌甚ᄒᆞ야競一

韻之奇ᄒᆞ고爭一字之巧ᄒᆞ야連篇累牘은不出月露之形이오積案

盈箱은盡是風雲之狀이라世俗이以此로相高ᄒᆞ고朝廷이據玆擢

士ᄒᆞ야祿利之路ㅣ既開ᄒᆞ고愛尙之情이愈篤이라

上書ᄒᆞ야日魏의三祖ㅣ文辭ᄅᆞᆯ崇尙ᄒᆞ야君人의大道ᄅᆞᆯ忽ᄒᆞ고雕虫의小藝ᄅᆞᆯ好ᄒᆞ야下가上을從ᄒᆞ야드듸여風俗을成ᄒᆞ야江左齊梁에其弊가彌甚ᄒᆞᆫ지라一韻의奇

를 競호고 一字의 巧를 爭호야 連篇累牘은 月露의 形에 不出호고 積案盈箱은 다이 風雲의 狀이라 世俗이 此로써 相高호고 朝廷이 玆를 據호야 士를 擢호야 祿利의 路가 이미 開호고 愛尙의 情이 愈히 篤호지라

於是에 閭里童昏과 貴遊總帥이 未窺六甲호고 先製五言故로 文筆이 日繁호고 其政이 日亂호니 良由棄大聖之軌模호고 搆無用以爲用也ㅣ라 今朝廷이 雖有是詔나 如聞外州遠縣이면 仍踵弊風 詔以諤所奏로 頒示四方호다

이에 閭里童昏과 貴遊總帥이 六甲을 未窺호고 五言을 先製호는 故로 文筆이 日로 繁호고 其政이 日로 亂호니 진실노 大聖의 軌模를 棄호고 無用을 搆호야써 有用호게홈에 由홈이라 今에 朝廷이 비록 是詔가 有호나 만일 外州遠縣에 聞호면 仍호야 弊風을 踵홀가 호노이라 詔호야 諤의 所奏로 四方에 頒示호라 호다

是歲에 陳主ㅣ 於光昭殿前에 起臨春結綺望仙三閣호니 各高數十丈이오 連延數十間이라 其牕牖壁帶와 懸楣欄檻을 皆以沈檀으로 爲之호야 飾以金玉호고 間以珠翠호며 外施珠簾호고 內有寶牀寶

帳니호其服玩瓌麗ㅣ近古所未有ㅣ라每微風이漸至에香聞數里러라

이히에陳主ㅣ光昭殿前에臨春과結綺와望仙의三閣을起호니各高가數十丈이오數十間을連延호지라그牕牖壁帶와懸木欄檻을다沈檀으로써호야金玉으로써飾호고珠翠로써間호며外에珠簾을施호고內에寶牀寶帳이有호니그服玩瓌麗홈이近古에未有혼바라每히微風이漸至홈에香이數里에聞호더라

其下에積石爲山고引水爲池고雜植奇花異卉고上이每飮酒에使諸妃嬪及女學士와與狎客으로共賦詩야互相贈答고采其尤艶麗者야被以新聲야選宮女千餘人야習而歌之야分部迭進니其曲에有玉樹後庭花臨春樂等이大畧이皆美諸妃嬪之容色이라러라君臣이酬歌야自夕達旦야以此爲常더라

其下에石을積호야山을호고水를引호야池를호고奇花異草를雜植호고上이每히諸妃嬪과밋女學士로호야곰狎客으로더부러賦詩를共히호야서로贈答호고그더욱艶麗혼者를采호야新聲으로써被호고宮女千餘人을選호야習호고歌

詳密註釋通鑑諺解 卷之十

호야部를分호야서로進호니그曲에玉樹와臨春樂等이有혼지라大略이
다諸妃嬪의容色을美홈이러라君臣이酣歌호야夕으로부터早에達호야此로써常
을合다

(丙午)年○陳至德四年○隋開皇六年○梁後主琮廣運元年 梁主ㅣ殂호니諡曰孝明皇帝라世宗이孝慈
儉約호니境內安之러라太子琮이嗣호다
梁主ㅣ殂호니諡호야日孝明皇帝라世宗이孝慈儉約호니境內가安호더라太子琮
이嗣호다

隋度支尙書長孫平이 奏令民으로每秋에家出粟麥호야貧富爲
差호야儲之當社고 委社司檢校호야 以備凶年고 名日義倉하니 隋
主ㅣ從之다
隋度支尙書長孫平이奏호되民으로곰每秋에家에粟麥을出호되貧富를差호
야當社에儲호고社司에게委호야檢校호야써凶年을備호고名호야日義倉이라
호니隋主ㅣ從호다

(丁未)年○陳禎明元年○隋開皇七年○是歲梁亡凡二國 八月에隋ㅣ徵梁主入朝고廢梁國고拜梁

五六

主琮으로柱國을삼고賜爵莒公호다 後梁祚終三主 凡三十三年

八月에隋ㅣ梁主를徵호야朝에入호고梁國을廢호고梁主琮을柱國을拜호고爵莒公을賜호다

(戊申)隋開皇八年 陳禎明二年

隋主ㅣ取陳之策을高頴의게問호디 對曰江北은地寒호야田收差晩호고江南은水田이早熟호니 量彼收穫之際호야微徵士馬호야聲言掩襲호면彼必屯兵守禦호리니足得廢其農時오 彼旣聚兵이어든 我便解甲호야再三若此면彼以爲常호야 後更集兵이라도彼必不信호리니

隋主ㅣ陳을取홀策을高頴의게問호야曰江北은地寒호야田收가差晩호고江南은水田이早熟호니 彼의收穫의際를量호야士馬를微徵호야掩襲을聲言호면彼가이미聚兵호지오彼가써常이라호야後에다시集兵호드라도彼가반다시不信호리니

彼가반다시解甲호고再三을此와若히호면彼가써常이라호야後에다시集兵호드라도彼가반다시不信호리니

猶豫之頃에我乃濟師야登陸而戰면兵氣益倍고 又江南은土

詳密註釋通鑑諺解 卷之十

五七

薄ᄒᆞ야 舍多茅竹ᄒᆞ고 所有儲積이 皆非地窖ㅣ니 密遣行人ᄒᆞ야 因風縱火ᄒᆞ고 待彼修立ᄒᆞ야 復更燒之면 不出數年에 自可財力이 俱盡ᄒᆞ리이다

猶豫의 頃에 我가 이예 師를 濟ᄒᆞ야 陸에 登ᄒᆞ야 戰ᄒᆞ면 兵氣가 益倍ᄒᆞ고 ᄯᅩ 江南은 土ㅣ 薄ᄒᆞ야 舍家의 茅竹이 多ᄒᆞ고 有ᄒᆞᆫ 바 儲積이 다 地窖이 아니니 密히 行人을 遣ᄒᆞ야 因ᄒᆞ야 火를 縱ᄒᆞ고 彼의 修立을 待ᄒᆞ야 다시 燒ᄒᆞ면 數年을 不出ᄒᆞ야 스스로 可히 財力이 다 盡ᄒᆞ리다

隋主ㅣ 用其策ᄒᆞ니 陳人이 始困ᄒᆞ더이 於是에 楊素賀若弼及高勵崔仲方等이 爭獻平江南之策이어ᄂᆞᆯ 隋主ㅣ 謂高熲曰 我ㅣ 爲民父母ᄒᆞ니 豈可限一衣帶水ᄒᆞ야 不極之乎아

隋主가 其策을 用ᄒᆞ니 陳人이 始困ᄒᆞ지라 이에 楊素와 賀若弼과 밋 高勵와 崔仲方等이 江南平ᄒᆞᆯ 策을 爭獻ᄒᆞ거ᄂᆞᆯ 隋主高熲ᄃᆞ려 謂ᄒᆞ야 曰 我ㅣ 民의 父母ㅣ 되니 엇지 可히 一衣帶水를 限ᄒᆞ야 拯치 아니ᄒᆞ랴

(甲子)에 隋出師ᄒᆞᆯᄉᆡ 命晉王廣과 秦王俊과 淸河公楊素ᄒᆞ야 皆爲

行軍元帥을야 與韓擒虎賀若弼等으로 率兵五十一萬하는 東接滄
海하고 西距巴蜀하야 旌旗舟楫이 橫亘千里러라
甲子에 隋ㅣ出師홀시 晉王廣과 秦王俊과 淸河公楊素를 命하야 行軍元帥를 삼아
韓擒虎와 賀若弼等으로 더부러 兵五十一萬을 率하니 東으로 滄海를 接하고 西으로
巴蜀에 距혼지라 旌旗舟楫이 千里에 橫亘하더라

十二月에 隋軍이 臨江이니 高潁이 謂薛道衡曰今兹大擧에 江東
을 必可克乎아 道衡이 曰克之리라
十二月에 隋軍이 江에 臨하니 高潁이 薛道衡다려 謂하야曰今에 大擧홈에 江東을
반다시 可克호랴 道衡이 曰克홀지니라

嘗聞郭璞이 有言호되 江東이 分王三百年에 復與中國으로 合이이라 今
此數ㅣ將周니 一也오 主上은 恭儉勤勞하고 叔寶는 荒淫驕侈하니 二
也오 國之安危는 在所寄任이어늘 彼以江摠으로 爲相하고 唯事詩酒
하고 三也오 我는 有道而大하고 彼는 無德而小하고 量其甲士컨된 不過十
萬하고 西自巫峽으로 東至滄海에 分之則勢懸而力弱하고 聚之則

守此而失彼니 四也라 席卷之勢ㅣ 在事不疑니라
일즉 드르니 郭璞이 有言호디 江東이 分王호지 三百年에 다시 中國으로 더부러 合호
리라 ᄒ니 今에 此數가 將周ᄒ니 一이오 主上은 恭儉勤勞ᄒ고 叔寶ᄂᆫ 荒淫驕侈ᄒ니
二오 國의 安危ᄂᆫ 寄任ᄒᆫ바에 在ᄒ거ᄂᆞᆯ 彼가 江總으로 ᄡ 相을 삼고 詩酒로 事ᄒ니 三
이오 我ᄂᆫ 有道ᄒ고 大ᄒ고 彼ᄂᆫ 無德ᄒ고 小ᄒ고 其 甲士를 量컨디 十萬에 不過ᄒ니
西으로 巫峽으로부터 東으로 滄海의 至ᄒ기 勢가 懸ᄒ고 力이 弱ᄒ고 聚ᄒ야 事ᄒ즉
此를 守ᄒ고 彼를 失ᄒ지니 四이라 席卷의 勢가 事ᄒ즉 不疑에 在ᄒ니라

頴이 忻然曰 得君言니 成敗之理ᅵ 令人豁然게라
頴이 忻然ᄒ야曰 君의 言을 得ᄒ니 成敗의 理가 人으로 ᄒ여금 豁然케ᄒ도다

陳主ㅣ 從容謂侍臣曰 王氣ᅵ 在此에ᄒ니 齊兵이 三來ᄒ고 周師ᅵ 再
來에 無不摧敗ᄒ얶어니 彼ᄂᆫ 何爲者邪야 孔範이 曰 長江天塹이 古以
爲限隔南北이니 今日虜軍이 豈能飛渡邪리야 帝笑以爲然故로
不爲深備ᄒ고 奏伎縱酒ᄒ야 賦詩不輟이러ᄆᆞ

陳主從容히 侍臣다려 謂ᄒ야 曰 王氣가 此에 在ᄒ니 齊兵이 三來ᄒ고 周師가 再來ᄒᆷ
에 摧敗치아니미 無ᄒ거ᄂᆞᆯ 彼ᄂᆫ 何爲ᄒ者인고 孔範이 曰 長江天塹이 古로ᄡ 南北을

右陳五主合三十二年

隋紀

高祖文皇帝 名堅姓楊弘農華陰人漢太尉震十四代孫周大象二年封隋王明年尋稱帝卽位在位二十四年

壽六十四

(己酉)開皇九年이라陳主ㅣ下詔曰犬羊이陵縱ᄒᆞ야侵竊郊畿ᄒᆞ야蜂蠆ㅣ有毒ᄒᆞ니宜時掃定ᄒᆞ라ᄒᆞ고以蕭摩訶樊毅魯廣達로並爲都督ᄒᆞ고於是에賀若弼은自北道ᄒᆞ고韓擒虎ᄂᆞᆫ自南道ᄒᆞ야並進ᄒᆞ니緣江諸戍ㅣ望風盡走ᄒᆞ더라

開皇九年이라陳主ㅣ下詔ᄒᆞ야曰犬羊이陵縱ᄒᆞ야郊畿ᄅᆞᆯ侵竊ᄒᆞ야蜂蠆ㅣ有毒ᄒᆞ니맛당히掃定ᄒᆞᆯ지라ᄒᆞ고蕭摩訶와樊毅와魯廣達로ᄡᅥ並히都督을삼다이에賀若弼은北道로自ᄒᆞ야고韓擒虎ᄂᆞᆫ南道로自ᄒᆞ야並進ᄒᆞ니緣江諸戍ㅣ風을望ᄒᆞ고다走ᄒᆞ더라

任忠이 帥數騎迎降고 引擒虎야 直入朱雀門니 陳主ㅣ 惶遽야 自投于井어 軍人이 窺井고 以繩으로 引之而上야 執送長安다

任忠이 數騎를 帥 迎降 引 擒虎야 곳 朱雀門에 入니 陳主ㅣ 惶遽야 스스로 井에 投거 軍人이 井을 窺고 繩으로 引야 우희 執야 長安에 送다

(庚戌)十年이라 上의 性이 猜忌 不悅學이라 旣任智以獲大位 因以文法로 自矜고 明察臨下 常令左右로 覘視內外야 有過失則加以重罪고 又患令史贓汙야 受財曰贓即反贓玆 釋義遺代 季反贈也 使人로 以錢帛遺 之야 得犯면 立斬고 每於殿廷에 捶人야 一日之中에 或至 數四고 又常於殿廷에 殺人을 兵部侍郎焉基ㅣ固諫되 上이 不 從나 亦尋悔야 宣慰焉基而怒羣臣之不諫者라

十年이라 上의 性이 猜忌고 學을 不悅거늘 이라이미 智를 任야 써 大位를 獲 고 因야 文法으로 自矜고 明察로 下를 臨야 恒常 左右로 야 內外를 覘視 야 過失이 有면 重罪로 加고 坐令史가 贓汙을 患야 人으로 야금 錢 帛으로써 遺야 得犯면 立斬고 每히 殿廷에셔 人을 捶야 一日의 中에 或 數四

에 至하고도 항상 殿廷에 殺人하거날 兵部侍郎 馮基가 固諫하디 上이 不從하나 然이
는 또 尋에 悔하야 馮基를 宣慰하고 群臣의 不諫하는 者를 怒하더라

江表 | 自東晉以來로 刑法이 疏緩하고 世族이 陵駕寒門이러니 平陳
之後로 牧民者를 盡更變之하고 蘇威復作五敎하야 使民으로 無長幼
悉誦之하니 士民이 嗟怨이러라

江表 | 東晉으로붓허 來홈으로 刑法이 疏緩하고 世族이 寒門을 陵駕하더니 平陳
호後로 牧民者를 다 更히 變하고 蘇威가 다시 五敎를 作하야 民으로하야금 長幼가 無
히 다 誦케하니 士民이 嗟怨하더라

民間이 復訛言호디 隋欲徙之入關이라 遠近이 驚駭라 於是에 陳之
故境이 大抵皆反日變能使儂으로 誦五敎邪아 釋義儂音農吳語謂我爲儂 詔以楊
素로 爲行軍摠管하야 討之하니 江南이 大定이라 素 | 乃班師하다 釋義班師

民間이 다시 訛言호디 隋가 徙하야 入關코져혼다하니 遠近이 驚駭하는지라 이에 陳
의 故境이 大抵 다 反하야 日可히 能히 나로하야곰 五敎를 誦케하가 詔하야 楊素로써
行軍摠管을 삼어 討하니 江南이 大定한지라 素 | 이에 班師하다

(乙卯)十五年이라三月에仁壽宮이成하어늘上이幸之하야見制度壯麗하고大怒曰楊素ㅣ殫民力하야爲離宮하야爲吾結怨天下로다十五年이라三月에仁壽官이成하거늘上이幸하야制度가壯麗홈을見하고大怒하야曰楊素가民力을殫하야離宮을爲하야吾을爲하야怨을天下에結하얏도다

(丁巳)十七年이라帝ㅣ以盜賊이繁多로命盜一錢以上은皆棄市하고或三人이共盜一瓜라事發卽死니於是에行旅皆晏起早宿하고天下ㅣ懍懍하더라十七年이라帝ㅣ盜賊이繁多홈으로써命하야一錢以上을盜한者은다棄市하고或三人이共히一瓜를盜하얏다가事가發하면卽死하니이에行旅다가晏起早宿하고天下ㅣ懍懍하더라

有數人이刼執事而謂之曰吾ㅣ豈求財者耶아但爲枉人來耳니而爲我秦至尊호대自古以來로體國立法에未有盜一錢而死也라하야來면而屬이無類矣리라帝聞之하고爲停此法하다

釋義王氏曰刼은持也謂威驅勢劫也執事는謂主執其事者ㅣ라 釋義而는猶言爾汝也 而不而屬并同

(庚申)二十年이라廢太子勇ᄒ고立晉王廣ᄒ야爲皇太子ᄒ다

二十年이라太子勇을廢ᄒ고晉王廣을立ᄒ야皇太子를삼다

初에帝之克陳也에天下ㅣ皆以爲將太平이라ᄒ되監察御史房彥謙이私謂所親曰主上이忌刻而苛酷ᄒ고太子ㅣ卑弱ᄒ고諸侯ㅣ擅權ᄒ니天下ㅣ雖安이나方憂危亂이러라

初에帝가陳을克홈이天下ㅣ다써장ᄎᆞᆺ太平하리라ᄒ되監察御史房彥謙이私히所親다려謂ᄒ야曰主上이忌刻ᄒ야苛酷ᄒ고太子가卑弱ᄒ고諸侯가擅權ᄒ니天下ㅣ비록安ᄒ나바야ᄋᆞ로危亂홈을憂ᄒᆫ다ᄒ더라

其子玄齡이亦密言於彥謙曰主上이本無功德ᄒ야以詐로取天下ᄒ고諸子ㅣ皆驕奢不仁ᄒ야必自相誅夷ᄒ리니今雖承平이나其

亡을可翹足待라 釋義翹祈堯
反擧也企也
其子玄齡이또호彥謙의게密言ᄒ야日主上이본ᄃᆡ功德이無ᄒ야詐로ᄡᅥ天下ᄅᆞᆯ取ᄒ고諸子가다驕奢不仁ᄒ니반ᄃᆞ시스ᄉᆞ로셔誅夷ᄒ리니今에비록承平ᄒᄂᆞᆫ其亡흠을可히足을翹ᄒ고待ᄒ리라

玄齡이與杜如晦로 皆與選吏部侍郎ᄒ다高孝基ㅣ名知人이니玄齡과如晦를見ᄒ고曰二郎과如ᄒ者ᅵ未有ᄒ니異日에반ᄃᆞ시偉器가되리로ᄃᆡ其大成ᄒᆞᆷ을不見홈을恨ᄒ리라ᄒ고다子孫으로ᄡᅥ託ᄒ더라

見玄齡ᄒ고歎曰僕이閲人이多矣로ᄃᆡ未有如此郎者ᄂᆞᆫ必爲偉器대恨不見其大成耳라ᄒ고見如晦ᄒ고謂曰君이有應變之才ᄂᆡ必任棟梁之重이라ᄒᆞ고俱以子孫으로託之라

齊州行叅軍王伽ᅵ送流囚李參等七十餘人ᄒ야詣京師ᄒᆞᆯᄉᆡ行至滎陽ᄒ야哀其辛苦ᄒ야伽ᅵ乃悉脱其伽鏁ᄒ고停援卒與約曰

(龍門)縣名楊素時爲左僕射

某日에當至京師하라致前却면吾當爲汝受死라하고遂捨之而去하니流人이感悅하야如期而至하야一無離叛하더라

齊州行參軍王伽가流囚李參等七十餘人을送하야京師에詣할새滎陽에至하야其辛苦를哀히녀겨다其枷鎖를脫하고援率을停하고與約하야日某日에맛당히京師에至하라만일前却을致하면吾ㅣ맛당히汝를爲하야死를受하리라하고遂々여捨하고去하니流人이感悅하야期와如히至하야一도離叛홈이無하더라

上이聞하고驚異히녀겨이다流人을召하니妻子를携負하고俱入하거늘宴을殿庭에賜하고赦하다

上이聞而驚異하야於是에悉召流人하니攜負妻子코俱入이어늘賜宴於殿庭而赦之하다

(癸亥)仁壽三年이라龍門王通이詣闕하야獻太平十二策이어늘上이不能用하니罷歸하다通이遂敎授於河汾之間하니弟子自遠至者甚衆이라累徵不起라

仁壽三年이라龍門王通이闕에詣하야太平十二策을獻하거늘上이能히用치아니

ᄒ니罷歸ᄒ다通이도티여河汾의間에敎授ᄒ니弟子가遠으로부ᄒ至ᄒ는者가甚

衆ᄒ지라累徵ᄒ디不起ᄒ더라

楊素ㅣ甚重之ᄒ야勸之仕ᄒ디通이 曰通이有先人之弊廬ᄒ니足以

庇風雨오薄田이足以具饘粥이오饘諸延反饘通作飦禮記註云厚曰饘希曰粥讀書談道ㅣ足以

自樂ᄒ니願明公은正身以治天下ᄒ야使時和年豊케ᄒ면通이賜를受홈이多

多矣니仕홈을不願ᄒ노라

楊素가甚히重히녀겨仕홈을勸ᄒ디通이 曰通이先人의弊廬가有ᄒ니足히ᄡ風雨를庇ᄒ것이오薄田이足히ᄡ饘粥을具ᄒ고讀書談道ㅣ足히ᄡ自樂ᄒ지니願컨디明公은身을正히ᄒ고ᄡ天下를治ᄒ야하야今時和年豊케ᄒ면通이賜를受홈이多ᄒ리니仕홈을不願ᄒ노라

或이謂通於素曰彼實慢公이어 公何敬焉고 素以問通ᄒ디通이

日使公으로可慢則僕이得矣오 不可慢則僕이失矣라 得失이在

僕ᄒ니公何與焉고素ㅣ待之如初라 弟子賈瓊이問息謗ᄒ디通이曰

或이諧通ᄒ야素에게 曰彼ㅣ實慢公이어 公何敬焉고 素ㅣ以問通ᄒ디通이曰

無辯이라問止怨이라호曰不爭이라
或이通을素희게譜호야曰彼가實로公을慢호거늘公은엇지敬호는고素
ㅣ問호덕通을素희게日公으로호야곰可慢케훈이오可慢이오失홈이오
이라得혼딕通이公에在호니公이엇지與호논고素ㅣ待호기를初와如히호더라弟子買
瓊이息謗홈을問훈딕通이日無辯지라止怨홈을問훈딕日爭치말나
通이嘗稱無赦之國則刑必平고重斂之國은其財必貧이라고又
日聞謗而怒者는讒之囮也오見譽而喜者는佞之媒也니
絶囮去媒호야讒佞이遠矣라大業末에卒於家호니門人이諡曰文
中子라호다
通이일즉稱호되無赦의國은刑이반다시平호고重斂의國은其財가반다시貧호다
호고쏘굴으딕謗을聞호고怒호는者는讒의囮오譽를見호고喜호는者는佞의媒니
囮를絶호고媒를去호야讒佞이遠호리라大業末에家에셔卒호니門人이諡호야
曰文中子라호다

(甲子)五年이라五月에帝ㅣ崩於大寶殿호다高祖ㅣ性이嚴重호야令

行禁止ᄒ고勤於政事ᄒ야每日聽朝에日昃忘倦ᄒ고雖齒於財ᄂᆞᆫ至
於賞賜有功ᄒ야ᄂᆞᆫ即無所愛ᄒ고將士戰沒ᄒ면必加優賞ᄒ고仍遣使
ᄒ야勞問其家ᄒ고愛養百姓ᄒ야勸課農桑ᄒ며輕徭薄賦ᄒ고其自奉
養ᄋᆞᆯ務爲儉素ᄒ야乘輿服御ㅣ物故弊者ᄅᆞᆯ隨令補用ᄒ고自非享
宴이면所食이不過一肉이오後宮을皆服澣濯之衣ᄒ니天下ㅣ化之ᄒ야
開皇仁壽之間에大夫ㅣ率衣絹布ᄒ고不服羅綺裝帶ᄅᆞᆯ不過
銅鐵骨角이오無金玉之飾故로衣食이滋殖ᄒ고倉庫ㅣ盈溢ᄒ야受
禪之初에民戶ㅣ不滿四百萬이러니末年에輸入百九十萬이로ᄃᆡ獨
冀州ㅣ已二百萬戶ㅣ러라

四年이라正月에帝大寶ㅣ殿에셔崩ᄒ다高祖ㅣ性이嚴重ᄒ야令行禁止ᄒ고政事
에勤ᄒ야每旦에聽朝ᄒ일ᄉᆡ日昃토록倦ᄋᆞᆯ忘ᄒ고비록財에嗇ᄒᄂ 有功을賞賜ᄒ기
에至ᄒ야ᄂᆞᆫ愛ᄒᄂᆞᆫ바가無ᄒ고將士가戰沒ᄒ면반ᄃᆞ시優賞을加ᄒ고仍히使者ᄅᆞᆯ
遣ᄒ야其家ᄅᆞᆯ勞問ᄒ고百姓을愛養ᄒ야農商을勸課ᄒ며徭ᄅᆞᆯ輕히ᄒ고賦ᄅᆞᆯ薄히

하고 그스스로奉養호옴을儉素를務호야乘輿와다못服御 호는物이故弊호者를싸라澣濯
야금補用호고 그스스로享宴이아니면食호는바가一肉에不過호고後宮을다澣濯의
服을衣호고 天下ㅣ化호야皇仁壽의間에大夫가絹布를衣호고羅綺를不服호며
裝帶受禪호니一銅鐵骨角에不過호고金玉의飾이無호故로衣食이滋殖호고倉庫가盈溢호
지라受禪의初에民戶가四百萬에不滿하더니末年에百九十萬을輸入호얏스되獨
히冀州가이미一万戶러라

然이나猜忌苛察호고信受讒言호니功臣故舊ㅣ無始終保全者오乃

至子弟히皆如仇敵호니此其所短也러라

然이나猜忌苛察호고讒言을信受호니功臣故舊ㅣ始終保全者ㅣ無호고이에子弟
에至호기가仇敵과如호니이것이그端혼바러라

煬皇帝 名廣文帝
第二子

在位十二年 壽三十九宇文化及弒

之

(乙丑)大業元年이라 勅宇文愷야 與舍人封德彝等으로營顯仁

宮니 南接皀澗호고 北跨洛濱라이發大江以南과五嶺以北의 奇材

(宇文愷)
(將作大匠)
(離宮)別
宮

奇石ᄒ야 輸之洛陽ᄒ고 又求海內嘉木異草와 珍禽奇獸ᄒ야 以實
園苑ᄒ고 自長安으로 至江都히 置離宮四十餘所ᄒ고 又遣黃門侍
郞王弘等ᄒ야 往江南ᄒ야 造龍舟及雜船數萬艘ᄒ서 東京官吏ㅣ
督役이 嚴急ᄒ니 役丁死者ㅣ 什에 四五라 所司ㅣ 以車로 載死丁ᄒ야 東
至成皐ᄒ고 北至河陽히 相望於道ᄒ더라

大業元年이라 宇文愷를 勅ᄒ야 人舍人封德彛等으로더브러 顯仁宮을 營ᄒ니 南으로
皁澗에 接ᄒ고 北으로 洛濱에 跨ᄒ지라 大江以南과 五嶺以北의 奇材異石을 發ᄒ야
洛陽에 輸ᄒ고 坐海內의 嘉木異草와 珍禽奇獸를 求ᄒ야ᄡ 園苑을 實케ᄒ고 長安으
로붓허 江都에 至ᄒ고 기離宮四十餘所를 置ᄒ고 黃門侍郞王弘等을 遣ᄒ야 江南에
往ᄒ야 龍舟와 밋 雜船數萬艘를 造ᄒ을시 東京의 官吏가 督役이 嚴急ᄒ니 役丁이 死
ᄒ는 者ㅣ 什에 四五라 所司ㅣ 車로ᄡ 死丁을 載ᄒ야 東으로 成皐에 至ᄒ고 北으로 河
陽에 至ᄒ기셔 로道에 相望ᄒ더라

五月에 築西苑ᄒ니 周ㅣ 二百里오 其內에 爲海ᄒ니 周ㅣ 十餘里라 爲
方丈蓬萊諸山ᄒ니 高出百餘尺이오 臺觀宮殿이 羅絡山上ᄒ야 向

(菱芡)葉이 如荷而大ᄒᆞ니라

背ㅣ 如神ᄒᆞ야 海北에 有龍鱗渠ᄒᆞ야 營紆注海內ᄒᆞ고 緣渠作十六院ᄒᆞ야 門皆臨渠ᄒᆞ고 每院에 以四品夫人으로 主之ᄒᆞ고

五月을ᄒᆞ야 西苑을 築ᄒᆞ니 周가 二百里오 其內에 海를ᄒᆞ고 周가 十餘里라 方丈과 蓬萊의 諸山을ᄒᆞ니 高가 百餘尺에 出ᄒᆞ고 臺觀宮殿이 山上에 羅絡ᄒᆞ야 向背가 神갓더라 海北에 龍鱗渠가 有ᄒᆞ야 營紆ᄒᆞ야 海內로 注ᄒᆞ고 渠를 緣ᄒᆞ야 十六院을 作ᄒᆞ야 門은 다 渠를 臨ᄒᆞ고 每院에 四品夫人으로ᄡᅥ 主케ᄒᆞ고

堂殿樓觀을 窮極華麗ᄒᆞ고 宮樹ㅣ 秋冬에 彫落則剪彩爲花葉ᄒᆞ야 綴於枝條ᄒᆞ야 色渝則易以新者ᄂᆞᆫ 常如陽春ᄒᆞ고 沼內에 亦剪彩爲荷芰菱芡ᄒᆞ고 乘輿ㅣ 遊幸則去氷而布之ᄂᆞᆫ 十六院이 競以

殽羞精麗로 相高ᄒᆞ야 求市恩寵이러라 堂殿樓觀을 華麗를 窮極히ᄒᆞ고 宮樹가 秋冬에 彫落ᄒᆞᆫ 즉 綵를 剪ᄒᆞ야 花葉을ᄒᆞ야 枝條에 綴ᄒᆞ고 色이 渝ᄒᆞᆫ 즉 新者로ᄡᅥ 易ᄒᆞ니 常히 陽春과 如ᄒᆞ고 沼內에 坐ᄒᆞᆫ 綵를 剪ᄒᆞ야 荷芰菱芡를ᄒᆞ야 乘輿가 遊幸ᄒᆞᆫ 즉 氷을 去ᄒᆞ고 布ᄒᆞ니 十六院이 競ᄒᆞ야 殽羞ㅣ 精麗홈으로ᄡᅥ 相高ᄒᆞ야 恩寵을 求市ᄒᆞ더라

上이 好以月夜에 從宮女數千騎야 遊西苑고 作清夜遊曲야 於馬上奏之라

上이 써月夜에 宮女數千騎를 從야 西苑에 遊고 淸夜遊曲을 作야 馬上에셔 奏홈을 好하더라

八月에 上이 行幸江都 發顯仁宮야 出洛口 御龍舟 挽船士一八萬餘人이오 舳艫-相接二百里야 持舵處舳船頭刺擢處 照曜川陸고 騎兵이 翼兩岸而行니 旌旗蔽野라 所過州縣五百里內로 皆令獻食니 多者는 一州에 至百輿더로 極水陸珍奇니 後宮이 厭飫야 將發之際에 多棄埋之러라

八月에 上이 江都에 行幸실 顯仁宮을 發야 洛口로 出야 龍舟에 御니 挽船의 士가 八萬餘人이오 舳艫가셔로 二百里에 接야 川陸에 照曜하고 騎兵이 兩岸을 翼야 行니 旌旗가野에 蔽지라 過는 州縣五百里內로다 하야 곰 獻食케 하니 多혼者는 一州에 百輿에 至호 水陸의 珍奇를 極히 하니 後宮이 厭飫야 將發는 際에 多히 棄埋하더라

(丙寅)二年이라 置洛口倉고 上築倉城니 周回二十餘里라 穿三千窖다 居効反 藏也

二年이라 洛口倉을 置고 上에 倉城을 築니 周回二十餘里라 三千窖를 穿다

十二月에 置回洛倉於洛陽北七里니 倉城周回十里라 穿

三百窖다

十二月에 回洛倉을 洛陽北七里에 置니 倉城周回가 十里라 三百窖를 穿다

(丁卯)三年이라 詔發丁男百餘萬야 築長城서 西距楡林고 東至

紫河어 尙書左僕射蘇威ㅣ諫대 帝ㅣ不聽고 築之二旬而畢다

三年이라 丁男百餘萬을 詔發야 長城을 築실 西으로 楡林에 距고 東으로 紫河
에 至니 尙書左僕射蘇威ㅣ諫디 帝ㅣ不聽시고 築지二旬에 畢다

八月에 車駕ㅣ發楡林야 歷雲中派金河니 時에 天下ㅣ承平야 百

物이 豊實라 甲士ㅣ五十餘萬이오 馬ㅣ十萬四오이 旌旗輜重이 釋義輜側
時反載衣
千里에 不絶라 車也

(廬帳) 漢
書所謂穹
廬旃帳也
其形穹隆
故曰穹廬

八月에 車駕ㅣ 渝林에 發ᄒᆞ야 雲中을 歷ᄒᆞ야 金河에 沂ᄒᆞ니 時에 天下가 承平ᄒᆞ야 百物이 豐實ᄒᆞ지라 甲士ㅣ 五十餘萬이오 馬ㅣ 十萬匹이오 旌旗와 輜重이 千里에 不絕ᄒᆞ더라

突厥啟民可汗이 奉廬帳ᄒᆞ고 以候車駕ᄒᆞ어늘 帝ㅣ 幸其帳ᄒᆞ니 啟民이
奉觴上壽를 帝ㅣ 大悅ᄒᆞ야 賦詩曰 呼韓은 稽顙至ᄒᆞ고 屠耆는 接踵

來로다 何如漢天子는 空上單于臺오 賜各有差다

突厥啟民可汗이 廬帳을 奉ᄒᆞ고 ᄡᅥ 車駕를 侯ᄒᆞ거늘 帝ㅣ 其帳에 幸ᄒᆞ시고 啟民이 觴을 奉ᄒᆞ고 上壽ᄒᆞ거늘 帝ㅣ 大悅ᄒᆞ야 詩를 賦ᄒᆞ야 曰 呼韓은 稽顙ᄒᆞ여 至ᄒᆞ고 屠耆는 接踵 ᄒᆞ야 來ᄒᆞ도다 何如漢天子는 空히 單于臺에 上호엿는고 賜홈을 各히 差ㅣ 잇게 ᄒᆞ다

西域諸胡ㅣ 多至張掖ᄒᆞ야 交市ᄒᆞ거늘 帝ㅣ 使吏部侍郞裴矩로
掌之ᄒᆞ니 矩ㅣ 知帝好遠略ᄒᆞ고 諸商胡至者를 帝 釋義掖羊
益反郡名
ᄋᆡ 誘訪諸國山川
風俗ᄒᆞ야 撰西域圖記三卷ᄒᆞ니 合四十四國이라 入朝에 奏之ᄒᆞᆫ대 帝ㅣ
於是에 慨然慕秦皇漢武之功ᄒᆞ고 甘心將通西域ᄒᆞ야 四夷經略
을 咸以委之러라

西域諸胡가 多히 張掖에 至ᄒᆞ야 交市ᄒᆞ거늘 帝ㅣ 吏部侍郞裴矩로 ᄒᆞ야 곰 掌케 ᄒᆞ니

矩ㅣ帝의遠略을好ᄒᆞᆷ을知ᄒᆞ고諸商胡至ᄒᆞᆫ者를矩ㅣ諸國山川風俗을誘訪ᄒᆞ야西域圖記三卷을撰ᄒᆞ니合四十四國이라入朝에奏ᄒᆞ되帝ㅣ이에慨然히秦皇과漢武의功을慕ᄒᆞ고莊찻西域을通ᄒᆞ기甘心ᄒᆞ야四夷의經略을다ᄡᅥ委ᄒᆞ더라

自是로西域諸胡ㅣ往來相繼ᄒᆞ야所經郡縣이疲於送迎ᄒᆞ니糜費ㅣ以萬萬計라卒令中國으로疲弊ᄒᆞ야以至於亡ᅌᅦ皆矩의唱導也ㅣ러라

自是로西域諸胡ㅣ往來가相繼ᄒᆞ야經ᄒᆞᄂᆞᆫ바郡縣이送迎에疲ᄒᆞ니糜費가萬々々로ᄡᅥ計ᄒᆞᄂᆞᆫ지라卒히中國으로ᄒᆞ야곰疲弊케ᄒᆞ야ᄡᅥ亡ᅌᅦ至케ᄒᆞᆷ은다矩의唱導ᄒᆞᆷ이러라

(戊辰)四年이라帝無日不治宮室ᄒᆞ니는兩京及江都에苑囿亭殿이雖多ᄒᆞ나久而益厭ᄒᆞ야每遊幸에左右顧瞻ᄒᆞ야無可意者라不知所適ᄒᆞ야乃備責天下山川之圖를躬自歷覽ᄒᆞ야以求勝地ᄒᆞ야可置宮苑者ᄂᆞᆫ詔於汾州之北과汾水之源에營汾陽宮ᄒᆞ다

四年이라帝가日로宮室을治치아님이無ᄒᆞ니兩京과밋江都에苑囿亭殿이비록多ᄒᆞ나久ᄒᆞᆷ이더욱厭ᄒᆞ야ᄆᆡ양遊幸ᄒᆞᆷ이左右로顧瞻ᄒᆞ되可意者ㅣ無ᄒᆞᆫ지라所適을

不知ᄒᆞ야이에備責ᄒᆞᆫ天下山川의圖ᄅᆞᆯ몸소스ᄉᆞ로歷覽ᄒᆞ야ᄡᅥ勝地에可히宮苑ᄃᆞᆯ
者ᄅᆞᆯ求ᄒᆞ시詔ᄒᆞ야汾州의北과汾水의源에汾陽宮을營ᄒᆞ다

(己)五年라이是時에天下ᅵ凡有郡一百九十파縣一千二百
五十五와戶八百九十萬有奇ᄒᆞ니東西ᅵ九千三百里오南北이
一萬四千八百二十五里라隋氏之盛이極於此矣러라
五年이라이ᄯᅢ에天下ᅵ무릇郡一百九十파縣一千二百五十五와戶八百九十萬有
奇가有ᄒᆞ니東西ᅵ九千三百里오南北이一萬四千八百二十五里라隋氏의盛ᄒᆞᆷ이
此에極ᄒᆞ더라

(庚午)六年라이裴矩ᅵ說帝曰高麗ᄂᆞᆫ本箕子所封之地라漢晉
이皆爲郡縣이러니今乃不臣ᄒᆞᄂᆞᆫ先帝ᅵ欲征之久矣ᄃᆡ但楊諒이不
肖ᄒᆞ야師出無功ᄒᆞ니當陛下之時ᄒᆞ야安可不取ᄒᆞ리잇고
六年이라裴矩ᅵ帝ᄅᆞᆯ說ᄒᆞ야ᄀᆞᆯ오ᄃᆡ高麗ᄂᆞᆫ本히箕子의封ᄒᆞᆫ바地라漢晉이다郡縣
을삼앗더니今치아니ᄒᆞ야臣先帝가征코쟈ᄒᆞ심이已久로ᄃᆡ다만楊諒이不肖
ᄒᆞ야師ᅵ出ᄒᆞᆷ에功이無ᄒᆞ지라陛下의時ᄅᆞᆯ當ᄒᆞ야엇지可히不取ᄒᆞ리잇고

壬午에下詔호야討高麗호다敕幽州總管元弘嗣호야往東萊海口호야
造船三百艘호대官吏ㅣ督役에晝夜立水中호야略不敢息호니自腰
以下ㅣ皆生蛆호야死者ㅣ什에三四러라

壬午에詔를下호야高麗를討호시다幽州總管元弘嗣를敕호야東萊海口에往호야船
三百艘를造호실시官吏가督役홈에晝夜로水中에立호야조곰도敢히息치못호니腰
로브터下로다蛆가生호야死호는者ㅣ什에三四러라

先是에詔總徵天下之兵호대無問遠近고俱會於涿호라又發江
淮以南民夫及船호야運黎陽及洛口諸倉米호야至涿郡호니舳艫
相次千餘里라載兵甲及攻取之具호야往還在道ㅣ常數十萬
人이오死者ㅣ相枕호더라天下ㅣ騷動라이於是에始相聚爲羣盜호더라

先是에詔를下호야天下의兵을總徵호대遠近을無問호고다涿에會호라호고다시江淮써
南에民夫와및船을發호야黎陽과및洛倉米을運호야涿郡에至케호니舳艫가
서로千餘里에次호지라兵甲과및攻取의具를載호야往還이常히數十萬人
이오死者ㅣ相枕호니天下ㅣ騷動호는지라이에相聚호야羣盜가되더라

鄒平民王薄이 擁衆據長白山야 剽掠齊濟之郊고 自稱知世郎이라 言事可知矣오 又作無向遼東浪死歌야 以相感動케니 避征役者ㅣ 多徃歸之러라

鄒平民王薄이 衆을 擁하고 長白山에 據하야 齊濟의 郊를 剽掠하고 스스로 知世郎이라 稱하니 事를 可知홈이오 坐 無向遼東浪死歌를 作하야 써로 感動케하니 征役을 避하는 者ㅣ 多히 徃歸하더라

竇建德이 起兵漳南야 人爭附之러라

竇建德이 兵을 漳南에 起하니 人이 多附하더라

(壬申)八年이라 四方兵이 集平壤하니 凡一百一十三萬三千八百人이라 車駕ㅣ 一度遼어 高麗諸城이 各堅守不下니 諸軍이 敗還하다

初에 九軍이 度遼ㅣ 凡三十萬五千이러니 及還至遼東城에 唯二千七百人이오 資儲器械ㅣ 巨萬計러니 失亡蕩盡하다

(九軍渡遼左右各作十二九軍渡遼者也)

八年이라 四方兵이 平壤에 集하니 凡一百一十三萬三千八百人이라 車駕ㅣ 遼를 度

ᄒ거늘 高麗諸城이 各히 堅守不下ᄒ야 敗還ᄒ다 初에 九軍이 遼를 度ᄒᆞᆷ에 凡
三十万五千이러니 밋 遼東城에 還至ᄒᆞᆷ에 오직 二千七百人이라 資儲ᄒᆞᆫ 器械가 巨万
으로 計ᄒ더니 失亡ᄒ야 蕩盡ᄒ다

(癸酉) 九年이라 楊玄感이 反於黎梁ᄒ야 子 楊素 以李密로 爲謀主ᄒ고 引
兵向洛陽이어ᄂᆞᆯ 帝ㅣ 遣宇文述屈突通ᄒ야 討之ᄒ니 玄感이 兵敗死ᄒ다
九年이라 楊玄感이 黎陽에셔 反ᄒ야 李密로ᄡᅥ 謀主를 삼고 兵을 引ᄒ야 洛陽에 向ᄒ
거늘 帝ㅣ 宇文述과 屈突通을 遣ᄒ야 討ᄒ니 玄感이 兵敗ᄒ야 死ᄒ다

帝ㅣ 使裵蘊으로 推玄感黨與ᄒᆞ야셔ᄒᆞ고 謂蘊曰 玄感이 一呼而從者十
萬이니 益知天下人이 不欲多라 多則相聚爲盜爾라ᄒᆞ더라 玄感之圍
東都也에 開倉賑給百姓ᄒ니이러 凡受米者를 皆坑之ᄒ다
帝가 裵蘊으로 ᄒ야곰 玄感의 黨與를 推ᄒᆞᆯ시 蘊다러 謂ᄒᆞ야 ᄀᆞᆯ으ᄃᆡ 玄感이 一呼ᄒᆞᆷ이
從者가 十萬이니 더욱 天下人이 多코자 아니ᄒᆞᆷ을 知ᄒᆞᆯ지라 多ᄒᆞᆫ즉 相聚ᄒᆞ야 盜가 된
다ᄒᆞ더라 玄感이 東都를 圍ᄒᆞᆷ이 倉을 開ᄒᆞ야 百姓을 賑給ᄒ엿더니 므릇 受米ᄒᆞᆫ 者를
다 坑ᄒ다

(李淵)是為唐高祖

帝가衛尉少卿李淵으로弘化郡留守를삼고關右十三郡兵을다徵發을受케ᄒᆞ얏더니淵이衆을御ᄒᆞ되寬簡ᄒᆞ니人이多附ᄒᆞ더라

(甲戌)十年이라二月에詔百僚ᄒᆞ야議伐高麗ᄒᆞᆯᄉᆡ戊子에詔復徵天下兵百道俱進ᄒᆞ더니時에天下ㅣ已亂ᄒᆞ야所徵兵이多失期不至ᄒᆞ고高麗ㅣ亦困弊ᄒᆞ야遣使乞降이어ᄂᆞᆯ帝ㅣ乃班師ᄒᆞ고乃徵高麗王元ᄒᆞ야入朝ᄒᆞ니元이竟不至ᄒᆞ더라

十年이라二月에百僚에詔ᄒᆞ야高麗를伐ᄒᆞ기를議ᄒᆞᆯᄉᆡ戊子에詔ᄒᆞ야다시天下兵을徵ᄒᆞ야百道로俱進ᄒᆞ니時에天下가已亂ᄒᆞ야所徵兵이만이失期ᄒᆞ고不至ᄒᆞ고高麗또ᄒᆞᆫ困弊ᄒᆞ야使를遣ᄒᆞ야乞降ᄒᆞ거ᄂᆞᆯ帝ㅣ이에班師ᄒᆞ고仍히高麗王元을徵ᄒᆞ야入朝ᄒᆞ라ᄒᆞ니元이마ᄎᆞᆷ내不至ᄒᆞ더라

初에開皇之末에國家殷盛ᄒᆞ야朝野ㅣ皆以高麗로爲意호ᄃᆡ劉炫이獨以爲不可라ᄒᆞ야作撫夷論ᄒᆞ야以刺之ᄒᆞ더니至是ᄒᆞ야其言이始驗이라

初에開皇의末에國家가殷盛ᄒ야朝野가다高麗로ᄡ爲意ᄒ되劉炫이獨히ᄡ不可
라ᄒ야撫夷論을作ᄒ야ᄡ刺ᄒ더니至是ᄒ야其言이始로驗ᄒ엿더라

(乙亥)十一年이라八月에帝ㅣ巡北塞ᄒ실ᄉᆡ突厥始畢可汗이牽騎
數十萬ᄒ야謀襲乘輿ᄒ야急攻鴈門이어ᄂᆞᆯ詔天下募兵ᄒ니守令이競
來赴難ᄒᆞᆯᄉᆡ李淵의子世民이年이十六에應募ᄒ야隷屯衛將軍雲
定興ᄒ야說定興曰始畢이敢擧兵圍天子ᄂᆞ니必謂我倉猝ᄒ야不
能赴援故也ㅣ니宜晝則引旌旗ᄒ야令數十里不絶ᄒ고夜則鉦鼓
相應ᄒ면虜ㅣ必謂援兵이大至야ᄒ라ᄒ고望風遁去ᄒ리이다

十一年이라八月에帝ㅣ北塞에巡ᄒᆞᆯᄉᆡ突厥始畢可汗이騎數十万을率ᄒ야乘輿을
謀襲ᄒ야急히鴈門을急攻ᄒ거ᄂᆞᆯ天下에詔ᄒ야募兵ᄒ니守令이競來ᄒ야赴ᄒᆞᆯᄉᆡ
李淵에子世民이年이十六에應募ᄒ야屯衛將軍雲定興에게隷ᄒ야定興을說ᄒ야
曰始畢이敢히擧兵ᄒ야天子를圍ᄒᆞᆷ은반다시호ᄃᆡ我가倉猝ᄒ야能히赴援치못ᄒ
리라ᄒᄂᆞᆫ故ㅣ니이니금數十里에不絶케ᄒ고夜인ᄌᆞᆨ
鉦鼓로相應ᄒ면虜가반다시援兵이大至ᄒ야ᄒ고風을望ᄒ고遁去ᄒ리이다

定興이 從之 ㅎ니 諸郡援兵이 亦至라 九月에 始畢이 解圍 去 ㅎ다
定興이 從之 ㅎ니 諸郡援兵이 坌至 ㅎ지라 九月에 始畢이 圍를 解 ㅎ야 去 ㅎ다

有二孔雀이 自西苑으로 飛集寶成朝堂前이어 親衛校尉高德儒ㅣ 見之ㅎ고 奏以爲鸞이라 時에 孔雀이 已飛去ㅎ고 無可得驗이라 於是에 百官이 稱賀를 詔以德儒로 誠心이 宜會ㅎ야 肇見嘉祥이라ㅎ고 拜朝散大夫ㅎ다

二孔雀이 有ㅎ야 西苑으로 붓허 寶成朝堂前에 飛集ㅎ거늘 親衛校尉高德儒가 見ㅎ고 奏ㅎ야 써 鸞이라ㅎ니 時에 孔雀이 이미 飛去ㅎ고 可히 得驗홀바업는지라 이에 百官이 稱賀ㅎ거늘 詔ㅎ야 德儒로써 誠心이 冥會ㅎ야 비로소 嘉祥을 見ㅎ얏다ㅎ고 朝散大夫를 拜ㅎ다

(丙子)十二年이라 詔以右驍衛將軍唐公李淵으로 爲太原留守고 以王威高君雅로 爲之副ㅎ다

十二年이라 詔ㅎ야 驍騎衛將軍唐公李淵으로써 太原留守를 삼고 王威와 高君雅로써 副를 삼다

十月에 韋城翟讓이 亡命於瓦崗爲群盜하야 聚衆至萬餘人이니 同郡單雄信徐世勣李密等이 皆從之더라

十月에 韋城翟讓이 瓦岡에 亡命하야 群盜가 되야 衆을 聚하야 萬餘人에 至하니 同郡의 單雄信과 徐世勣과 李密等이 다 從하다

內史侍郎虞世基—以帝—惡聞賊盜라하야 諸將及郡縣이 有告敗求救者면 世基— 輒抑損表狀하야 不以實聞고 但云鼠竊狗盜라 郡縣이 捕逐하면 行當殄盡하리니 願陛下는 勿以介懷하소서

內史侍郎虞世基—써 帝가 盜賊을 惡聞한다하야 諸將과밋 郡縣이 敗를告하고 救를求하는者—有하면 世基가 믄득 表狀을 抑損하야 써 實聞치아니하고 다만云호대 鼠竊狗盜라 郡縣이 捕逐하면 行하야 맛당히 殄盡하리니 願컨티 陛下는 써 介懷치마르소서

帝— 艮以爲然하야 或杖其使者하야 以爲妄言하니라 由是로 盜賊이 偏海內하야 陷沒郡縣되도 帝는 皆弗之知也러라

帝가 진실로 然하다하야 或 그 使者를 杖하야 써 妄言이라하니 由是로 盜賊이 海內

에徧ᄒᆞ야 郡縣을 陷沒ᄒᆞ되 帝ᄂᆞᆫ 다 知못ᄒᆞ더라

恭帝 名侑賜帝 在位二年 壽十五七于唐
孫代王也

(丁丑)十三年이라 恭帝侑義寧元年○長樂王竇建德丁丑元○魏公李密元○定楊可汗劉武周天興
元○梁王梁師都永隆元○秦王薛擧秦興元○梁王蕭銑鳴鳳元○是歲拜楚凡八
國

正月에 杜伏威ㅣ 起兵ᄒᆞ야 據歷陽ᄒᆞ니 江淮間小盜ㅣ 多附之ᄒ니라
十三年이라 正月에 杜伏威ㅣ 起兵ᄒᆞ야 歷陽에 據ᄒᆞ니 江淮間의 小盜가 多附ᄒ더라

二月에 馬邑劉武周ㅣ 斬太守王仁恭ᄒᆞ고 収兵得萬餘人ᄒᆞ야 自
稱太守ᄒ고 遣使附于突厥ᄒ다

二月에 馬邑劉武周ㅣ 太守王仁恭을 斬ᄒ고 兵을 収ᄒᆞ야 萬餘人을 得ᄒᆞ야 스ᄉᆞ로 太
守라 稱ᄒ고 使를 遣ᄒᆞ야 突厥에게 附ᄒ다

李密이 說翟讓曰洛口倉에 多積粟ᄒ니 將軍이若親帥大軍ᄒ고 輕
行掩襲ᄒ야 發粟以賑窮乏ᄒ면 遠近이 孰不歸附오리百萬之衆을 一
朝可集ᄒ리遂將精兵七千人ᄒ야襲回洛倉破之ᄒ고 開倉ᄒ야 恣民
所取ᄒ니 老弱이 襁負ᄒ야 道路相屬이라讓이 於是에 推密爲主ᄒ고 號爲

魏公이라 하다

李密이 翟讓을 說 하야 曰洛口倉에 積粟이 多 하니 將軍이 만일 大軍을 親帥 하고 輕行
掩襲 하야 粟을 發 하야써 窮乏을 賑 하면 遠近이 누가 歸附치 아니 하랴 오百萬의 衆을
一朝에 可集이리이다 드듸여 精兵七千人을 將 하야 回洛倉을 襲 하야 破 하고 倉을 開
하야 民의 所取를 恣케 하니 老弱이 襁負 하야 道路에 相屬 하는지라 讓이 이에 密을 推
하야 主를 삼고 號를 魏公이라 하다

四月에 薛擧ㅣ 自稱西秦覇王 하고 盡有隴西之地 하다

四月에 薛擧가 스스로 西秦覇王이라 稱 하고 다 隴西의 地를 有 하다

李密이 移檄郡縣 하야 數煬帝十罪 하고 且曰罄南山之竹이라도 書罪
無窮 하고 決東海之波라도 流惡難盡이라 하니라 祖君彥之辭也라

李密이 檄을 郡縣에 移 하야 煬帝의 十罪를 數 하고 또 갈 오 더 南山의 竹을 罄 하야도 罪
를 書 하야 窮함이 無 하고 東海의 波를 決 하야도 惡을 流 하야 盡키 難 하다 하니 祖君彥
의 辭러라

內史舍人封德彛ㅣ 諂附虞世基 하야 以世基로 不閑吏務라 하야

（不閑）開 習也

密이

爲持畫ᄒ고 宣行詔命ᄒ야 諂順帝意故로 世基之寵이 日隆而隋
政이 益壞ᄒ니 皆德彝의 所爲也ㅣ라
內史舍人封德彝가 與世基의게 諂附ᄒ야 世基로ᄡᅥ 吏務에 不閑ᄒ다ᄒ야 密히 持畫
을 ᄒ고 詔命을 宣行ᄒ야 帝意를 諂順ᄒᄂᆫ 故로 世基의 寵이 日隆ᄒ고 惰政이 더욱 壞
ᄒ니 德彝의 한 비러라

初에 唐公李淵이 生四男ᄒ니 建成世民元吉이라 世民이 聰明
勇決ᄒ고 識量이 過人ᄒ야 見隋室이 方亂ᄒ고 陰有安天下之志ᄒ야 傾
身下士ᄒ고 散財結客ᄒ야 咸得其歡心이러라
初에 唐公李淵이 四男을 生ᄒ니 建成世民元吉이라 世民이 聰明勇決ᄒ고 識量
이 過人ᄒ야 隋室이 方亂흠을 見ᄒ고 陰히 天下를 安ᄒᆯ 志가 有ᄒ야 身을 傾ᄒ야 士를
下ᄒ고 財를 散ᄒ야 客을 結ᄒ야 其歡心을 得ᄒ얏더라

晉陽宮監裴寂이 與劉文靜으로 同宿이라가 見城上烽火ᄒ고 寂이 歎
日貧賤이 如此에 復逢亂離ᄒ니 將何以自存ᄒ리오 文靜이 笑日時
事를 可知라 吾二人이 相得ᄒ면 何憂貧賤오

晋陽宮監裴寂가 劉文靜으로더브러同宿하다가城上에烽火를見하고寂이歎하야
日貧賤이如此하니다시亂離를逢하니장찻어지써自存하리오文靜이笑하야日時
事를可히知할지라吾二人이相得하면엇지써貧賤을憂하리오

文靜이見李世民而異之하야深自結納고謂寂日此는非常人
이라하더라

豁達은類漢高고神武는同魏祖니年雖小나命世才也러라
有書生見異之日龍鳳之姿天日之表其年
幾冠必能濟世安民乃探其語名日世民

文靜이李世民을見하고異히여겨깁히스스로結納하고寂다려謂하야日此는常人
이아니라豁達은漢高와類하고神武는魏祖와同하니年은비록小하나命世의才라
하더라

文靜이坐與李密로連昏야繫太原獄이어늘世民이就省之하대文靜
이日天下ㅣ大亂니非高光之才면不能定也라世民이日安知
其無오但人이不識耳라라我來相省은非見女子之情이오欲與君
도으議大事也니計將安出고

文靜이李密노더브러連昏하야太原獄에繫하얏거늘世民이就하야省하대

文靜이굴오티天下ㅣ大亂ᄒᆞ니高光의才가아니면能히定치못ᄒᆞ리라世民이굴ㅇ
티엇지그無ᄒᆞᆯ줄알니오다만人이不識ᄒᆞ니니我가來ᄒᆞ야相省ᄒᆞ믄兒女子의情
이아니오君으로더브러大事를議코쟈ᄒᆞᆷ이니라計가가쟝찻어드로出ᄒᆞ고

文靜이曰今에主上이南으로江淮에巡ᄒᆞᆷ이李密이東都를圍逼ᄒᆞ니群盜ㅣ자못萬
으로ᄡᅥ數ᄒᆞᆯ지라此際를當ᄒᆞ야眞主가有ᄒᆞ야駕를驅ᄒᆞ야用ᄒᆞ면天下를取ᄒᆞᆷ은反
掌ᄒᆞᆷ과如ᄒᆞ니라

文靜이曰今主上이南巡江淮에 李密이圍逼東都ᄒᆞ니羣盜ㅣ殆
以萬數라當此之際ᄒᆞ야有眞主ㅣ驅駕而用之ᄒᆞ면收天下ᄂᆞᆫ如反
掌耳라ᄒᆞ니

太原百姓이다避盜入城ᄒᆞ고文靜이爲令數年에知其豪傑ᄒᆞᄂᆞᆫ一
旦收集ᄒᆞ면可得十萬人이오尊公의所將之兵이復且數萬이니一言
出口ᄒᆞ면誰敢不從ᄒᆞ리오以此로乘虛入關ᄒᆞ야號令天下ㅣ면不過半
年에帝業을成矣라ᄒᆞ리

太原百姓이다盜를避ᄒᆞ야城에入ᄒᆞ고文靜이令된지數年에그豪傑을知ᄒᆞ니一旦

에 收集ᄒᆞ면 可히 數十萬人을 得ᄒᆞᆯ지오 尊公의 將ᄒᆞᆫ바 兵이다시ᄯᅩ 數萬人이니 一言이 出口ᄒᆞ면 誰가 敢히 不從ᄒᆞ리오 此로ᄡᅥ 乘虛ᄒᆞ야 關에 入ᄒᆞ야 天下ᄅᆞᆯ 號令ᄒᆞ면 半年이 不過ᄒᆞ야 帝業을 成ᄒᆞ리라

世民이 笑曰 君言이 正合我意라 乃陰部署賓客ᄒᆞ니 淵이 不之知也러라 世民이 乘間屛人ᄒᆞ고 說淵曰 今主上이 無道ᄒᆞ야 百姓이 困窮ᄒᆞ고 晉陽城外―皆爲戰塲ᄒᆞ니 大人이 若守小節이면 下有寇盜ᄒᆞ고 上有嚴刑ᄒᆞ야 危亡이 無日ᄒᆞ리니 不若順民心興義兵ᄒᆞ야 轉禍爲福이니 此ᄂᆞᆫ 天授之時也니ᄃᆡ다

淵이 大驚曰 汝―安得爲此言고 明日에 世民이 復說淵曰 今盜

賊이日繁ᄒᆞ야遍於天下ᄂᆞ니大人이受詔討賊이면賊可盡乎잇가願大人은勿疑ᄒᆞ쇼셔

淵이大驚ᄒᆞ야曰汝가엇지시러금此言을ᄒᆞᄂᆞ고明日에世民이다시淵을說ᄒᆞ야曰今에盜賊이日繁ᄒᆞ야天下에遍ᄒᆞᄂᆞ니大人이詔를受ᄒᆞ야賊을討ᄒᆞ면賊이可히盡ᄒᆞ릿가願컨딕大人은勿疑ᄒᆞ소셔

淵이乃歎曰吾一夕에思汝言ᄒᆞ니亦大有理라今日에破家亡軀도亦由汝오化家爲國도亦由汝矣라ᄒᆞ더라

淵이이에歎ᄒᆞ야曰吾가一夕에汝言을思ᄒᆞ니亦크게有理ᄒᆞᆫ지라今日에破家亡軀도ᄯᅩᄒᆞᆫ汝를由ᄒᆞᆷ이오化家爲國도ᄯᅩᄒᆞᆫ汝를由ᄒᆞᆷ이라ᄒᆞ더라

先時에裴寂이以晉陽宮人으로侍淵이러니淵이從寂飮酒酣에寂이以宮人侍公ᄒᆞ고因ᄂᆞᆷᄌᆞᆯᄂᆡ그中에어린男子를得ᄒᆞ니

從容言曰二郎이陰養士馬ᄒᆞ야欲擧外事ᄒᆞ니正爲寂이以宮人ᄋᆞ로

侍公ᄒᆞᆫ가이라恐事覺并誅ᄒᆞᆯᄉᆡ爲此急計耳니衆情이已協ᄒᆞ니公意에

如何오

先時에襲寂이晉陽宮人으로써淵의게侍ᄒ엿더니淵이寂을從ᄒ야飮酒酣에寂이
從容이言ᄒ야曰二郞이士馬를陰擧ᄒ야大事를擧코자ᄒᄂ니正히寂이宮人으로써
公을侍ᄒ게되얏다가事覺幷誅ᄒᆯ새恐ᄒ야此를爲ᄒ야急히計홈이니衆情이이믜
協ᄒ엿스니公意에如何ᄒ고

淵이曰吾兒ㅣ誠有此謀ᄂᆫ事已如此라當復奈何오正須從之
耳라ᄒ니及劉武周ㅣ據汾陽宮ᄒ야世民이言於淵曰大人이爲留
守而盜賊이竊據離宮ᄒ니不早建大計면禍今至矣리이다
淵이曰吾兒가진실노此謀가有ᄒ니事가이미如此ᄒ지라맛ᄎᆷ히다시奈何ᄒᆯ고正
히從ᄒ리라ᄒ더니밋劉武周가汾陽宮에據ᄒ야ᄂᆫ世民이淵의게言ᄒ야曰大人이
留守가되매에盜賊이離宮을竊據ᄒ니大計를早建치아니ᄒ면禍가今에至ᄒ리이다

淵이乃命世民與文靜等으로各募兵遠近이赴集ᄒ야旬日間
에萬人이라ᄒ니劉文靜이勸淵ᄒ야與突厥로相結ᄒ야資其士馬ᄒ야以益
兵勢ᄒ니라淵이從之ᄒ다
淵이이에世民을命ᄒ야文靜等으로더브러各히募兵ᄒᆯ시遠近이赴集ᄒ야旬日間
에萬人에近ᄒ지라劉文靜이淵을勸ᄒ야突厥로더브러相結ᄒ야그士馬를資ᄒ야

裴寂等이 乃請尊天子ᄒᆞ야 爲太上皇ᄒᆞ고 立代王ᄒᆞ야 爲帝ᄒᆞ야 以安隋室ᄒᆞ니 移檄郡縣ᄒᆞ니 西河郡이 不從ᄒᆞ거ᄂᆞᆯ 淵이 使世民으로 將兵擊ᄒᆞ야 西河ᄒᆞ니 郡丞高德儒ㅣ 閉城拒守ᄒᆞ거ᄂᆞᆯ 攻拔之ᄒᆞ고 執德儒至軍門ᄒᆞ야 數之曰汝ㅣ 指野鳥爲鸞ᄒᆞ야 以欺人主ᄒᆞ야 取高官ᄒᆞ니 吾ㅣ 興義兵은 正爲誅佞人耳라ᄒᆞ고 遂斬之ᄒᆞ고 自餘ᄂᆞᆫ 不戮一人ᄒᆞ고 秋毫도 無犯ᄒᆞ고 各慰撫ᄒᆞ야 使復業ᄒᆞ니 遠近이 聞之大悅ᄒᆞ더라

써 兵勢ᄅᆞᆯ 益ᄒᆞ라ᄒᆞ니 淵이 從ᄒᆞ다 裴寂等이 이에 天子ᄅᆞᆯ 請尊ᄒᆞ야 太上皇을 삼고 代王을 立ᄒᆞ야 帝ᄅᆞᆯ 삼고 ᄡᅥ 隋室을 安케ᄒᆞ야시 檄을 遠近에 移ᄒᆞ니 西河郡이 命을 不從ᄒᆞ거ᄂᆞᆯ 淵이 世民으로 ᄒᆞ여곰 將兵ᄒᆞ야 西河를 擊ᄒᆞ니 郡丞高德儒ㅣ 城을 閉ᄒᆞ고 拒守ᄒᆞ거ᄂᆞᆯ 攻拔ᄒᆞ고 德儒를 執ᄒᆞ야 軍門에 至ᄒᆞ니 世民이 數ᄒᆞ야 曰汝ㅣ 野鳥를 指ᄒᆞ야 鸞이라ᄒᆞ야 ᄡᅥ 人主를 欺ᄒᆞ야 高官을 取ᄒᆞ니 吾가 義兵을 興ᄒᆞᆷ은 正히 佞人을 誅ᄒᆞ기 爲ᄒᆞᆷ이라ᄒᆞ고 遂히 斬ᄒᆞ고 自餘ᄂᆞᆫ 一人도 不戮ᄒᆞ고 秋毫도 犯ᄒᆞᆷ이 無ᄒᆞ고 各히 慰撫ᄒᆞ야 ᄒᆞ여금 復業케ᄒᆞ니 遠近이 聞ᄒᆞ고 大悅ᄒᆞ더라

建成等이引兵還晉陽ᄒ야往返이凡九日이라淵이喜曰以此行兵
이면雖橫行天下ㅣ라도可也ㅣ라ᄒ고遂定入關之計ᄒ다
建成等이兵을引ᄒ야晉陽으로還ᄒ야往返이므릇九日이라淵이喜ᄒ야日此로써
行兵ᄒ면비록天下를橫行ᄒ지라도可ᄒ리라ᄒ고드듸여入關의計를定ᄒ다
淵이開倉ᄒ야以賑貧民ᄒ니應募者ㅣ日益多ㅣ라裴寂等이上淵號ᄒ야
爲大將軍ᄒ다
淵이倉을開ᄒ야以써貧民을賑ᄒ니應募者ㅣ日로더욱多ᄒ지라裴寂等이淵의號를
上ᄒ야大將軍을삼다
秋七月에淵이以子元吉노爲太原太守ᄒ야留守晉陽宮ᄒ고淵이
帥甲士三萬ᄒ고發晉陽ᄒ야立軍門誓衆ᄒ고幷移檄郡縣ᄒ야諭以
尊立代王之意ᄒ니라西突厥阿史那大奈ㅣ亦帥其衆以從ᄒ고에
代王侑ㅣ遣宋老生ᄒ야帥精兵二萬ᄒ야屯霍邑ᄒ고屈突通이將驍
乘數萬ᄒ야屯河東ᄒ야以拒淵ᄒ니會에積雨ᄒ야淵이不得進ᄒ다

秋七月에 淵이 子元吉으로써 太原太守를 삼아 晉陽宮을 留守ᄒᆞ고 淵이 甲士三萬을 帥ᄒᆞ야 晉陽을 發ᄒᆞ야 軍門에 立ᄒᆞ야 衆에게 誓ᄒᆞ고 并히 郡縣에 檄을 移ᄒᆞ야 代王을 尊立
홀 意로써 諭ᄒᆞ니 西突厥阿史那大奈ㅣ 其衆을 帥ᄒᆞ고 從ᄒᆞ거ᄂᆞᆯ 代王侑ㅣ宋
老生을 遣ᄒᆞ야 精兵二萬을 帥ᄒᆞ야 霍邑에 屯ᄒᆞ고 屈突通이 驍乘數萬을 將ᄒᆞ야 河東
에 屯ᄒᆞ야 淵을 拒ᄒᆞᆫ되 會에 積雨ᄒᆞ야 淵이 得進치 못ᄒᆞ다

淵이 以書로 招李密ᄒᆞᆫ되 密이 自恃兵强ᄒᆞ고 欲爲盟主ᄒᆞ야 使祖君彦

復書曰 所望은 左提右挈ᄒᆞ고 戮力同心ᄒᆞ야 執子嬰於咸陽ᄒᆞ며 釋義慈秦二世兄

子公子嬰也라 立爲秦王後沛公入
咸陽子嬰降軹道旁乃以屬吏

磔商辛於牧野ㅣ면 釋義磔於計反殺死也商帝辛天下謂
紂周武王伐之紂距之牧野武王斬之

不盛哉아

淵이 書로써 李密을 招ᄒᆞ니 密이 스ᄉᆞ로 兵强을 恃ᄒᆞ고 盟主가 되고자 ᄒᆞ야 祖君彦으
로 ᄒᆞ여곰 復書ᄒᆞ야 曰望ᄒᆞᄂᆞᆫ바는 左提右挈ᄒᆞ고 戮力同心ᄒᆞ야 子嬰을 咸陽에 執ᄒᆞ
며 商辛을 牧野에 磔ᄒᆞ면 엇지 盛치 아니ᄒᆞ랴

且欲使淵으로 以步騎數千로 自至河內ᄒᆞ야 面結盟約이어ᄂᆞᆯ 淵이 得

書笑曰 密이 妄自矜大ᄒᆞ니 非折簡可致라 吾ㅣ 方有事關中ᄒᆞ니 若

折簡即尺
書尺牘也
(塞成皐
之道) 江

都信使不通

遽絶之면 乃是更生一敵이니 不如卑辭推獎ᄒᆞ야 以驕其志ᄒᆞ야 使
爲我塞成皐之道ᄒᆞ며 綴東都之兵ᄒᆞ면 我得全意西征이니 侯關
中平定ᄒᆞ야 據險養威ᄒᆞ고 徐觀蚌鷸之勢ᄒᆞ야 以収漁人之功이
釋義蚌 部項反
蛤也鷸允律反 知天將雨鳥也 戰國策趙伐燕蘇代爲燕 謂趙惠文王 曰今者臣來過易水蚌出方曝而鷸啄其肉蚌
合而拑其隊謂蚌曰今日不雨明日不雨即有死蚌鷸亦 謂鷸曰今日不出明日不出必有死鷸蚌鷸不肯相舍漁人
得而擒之今趙且伐燕々趙々相支以敝大衆臣恐强秦之爲漁父也 未爲晚也ㅣ니

坯淵으로ᄒᆞ여곰步騎數千으로스스로河內에至ᄒᆞ야盟約을面結코져ᄒᆞ눌淵이
書ᄅᆞᆯ得ᄒᆞ고笑ᄒᆞ야日密이妄히ᄉᆞ스로헑大ᄒᆞ니折簡으로可致치못ᄒᆞᆯ지라吾가方
히關中에有事ᄒᆞ니萬一遽히絶ᄒᆞ면이ᄂᆞᆫ다시一敵이生ᄒᆞᆷ이다不如ᄒᆞ야辭ᄅᆞᆯ卑
히ᄒᆞ고其志ᄅᆞᆯ驕케ᄒᆞ야金我ᄅᆞᆯ爲ᄒᆞ야成皐의道ᄅᆞᆯ塞ᄒᆞ며東都의兵을綴
ᄒᆞ면我가가시러금西征에全意를得ᄒᆞ리니關中이平定ᄒᆞᆷ을侯ᄒᆞ야險을據ᄒᆞ고威
ᄅᆞᆯ養ᄒᆞ고徐히蚌鷸의勢ᄅᆞᆯ觀ᄒᆞ야ᄡᅥ漁人의功을取ᄒᆞᆷ이晚치아니ᄒᆞ니라

乃使溫大雅로 復書日天生烝民에 必有司牧이니 當今爲牧이
非子而誰오 老夫ᄂᆞᆫ年踰知命이니 願不及此오 欣戴大弟ᄒᆞ야 攀鱗

附翼라 唯弟는 早膺圖籙야 _{釋義籙寵王反籍也圖
讖云李氏當王故云} 以寧兆民니 宗盟之
長은 屬籍見容야 _{釋義屬珠王反附也籍秦
昔反簿籍也謂所附宗籍} 復封於唐면 斯榮足矣라 殞商
辛於牧野는 所不忍言이오 執子嬰於咸陽은 未敢聞命이라 汾晉
左右는 尚須安輯이오 盟津之會는 _{盟津即孟津也釋義孟者河北也各於其地置埠謂之孟
津一說武王伐紂八百諸侯於此盟故曰盟津河內咸陽}
縣是也 未暇卜期다

이에 溫大雅로 여금 復書야 曰 天이 烝民을 生이 반다시 司牧이 잇니 當今에
牧이 되리 子가 아니고 誰오 老夫는 年이 知命이 踰지라 願이 此에 及지 아니고 大
弟를 欣戴야 攀鱗附翼지라 오직 弟는 圖籙을 早膺야 시 唐는 封면 兆民을 寧케지니 宗
盟의 長을 籍에 屬容지며 다시 唐에 封야셔 이 足지라 商辛을 牧野에
殞은 忍言치 못비오 子嬰을 咸陽에 執은 敢히 聞치 못지라 汾晉左右는
히 모롬직이 安輯이오 盟津의 會는 卜期를 暇치 못리로다

密이 得書甚喜야 以示將佐曰 唐公이 見推니 天下는 不足定矣
로다 自是로 信使ㅣ 往來不絶라

密이 書를 得고 甚히 喜야 셔 將佐를 示야 曰 唐公이 推을 見니 天下는 足히

定홀것이업도다自是로信使가往來홈을絕치아니하더라

雨久不止하니 淵軍中이 糧乏고 劉文靜이 未返라이 或이 傳호되 突厥이
與劉武周로 乘虛襲晉陽이라라늘 淵이 召將佐야 謀北還니 裴寂等
이 皆以爲不如還救根本야 更圖後擧라하고
雨가오러止치아니하니淵의軍中이糧乏고劉文靜이返치못한지라或이傳하되
突厥이劉武周로더브러虛를乘하야晉陽을襲한다하거늘淵이將佐를召하야北還
를謀하니裴寂等이다써根本을還救하야後擧를更圖함만不如하다하고

世民이 曰今禾菽이 被野고 何憂乏糧이리오 老生은 輕躁니 一
戰可擒이오 李密은 顧戀倉粟니 未遑遠略이오 武周는 與突厥로 外
雖相附나 內實相猜니 武周ㅣ 雖遠利太原이나 豈可近忘馬邑
고 本興大義는 奮不顧身고 以救蒼生이니 當先入咸陽야 號令
天下ㅣ어늘 今遇小敵야 遽已班師면 恐從義之徒ㅣ 壹朝解體오 還
守太原一區之地면 爲賊耳니 何以自全이리오
世民이日今에禾菽이野에被하니엿지乏糧함을憂하리오老生은輕躁하니一戰에

釋義裁式竹反豆也

群疑註釋蓮經諺解 卷之十

九九

可擒홀것이오李密은倉粟만顧戀ㅎ니遠略을未遑홀것이오武周는突厥노더브러
外는비록相附ㅎ나內는實로相猜ㅎ느니武周가비록太原을遠略ㅎ느엇지可히馬邑
을近忘ㅎ릿고本이大義를興홈은奮ㅎ야身을顧치안코써蒼生을救ㅎ려홈이니班師
ㅎ면從義의徒ㅣ一朝에解體홀것이오還ㅎ야太原一城의地를守ㅎ면賊이
될지니엇지써自全ㅎ리오
淵이不聽ㅎ고促令引發ㅎ되世民이將復入諫ㅎ되會에日暮ㅎ야淵이已
寢더라世民이不得入ㅎ고號哭於外ㅎ니라聲聞帳中이라淵이召問之ㄷㅎ世
民이日今兵以義動에進戰則克ㅎ고退還則散ㅎ니衆散於前ㅎ고
敵乘於後ㅎ면死亡이無日ㅎ리니何得不悲ㅎ리잇
淵이不聽ㅎ고令을促ㅎ야引發ㅎ되世民이장찻다시入諫ㅎ려ㅎ되會에日暮ㅎ야
淵이已寢ㅎ눈지라世民이得入치못ㅎ고外에셔號哭ㅎ니聲이帳中에聞ㅎ눈지라
淵이召ㅎ야問혼디世民이日今에兵이義로써動ㅎ야進戰ㅎ면克ㅎ고退戰ㅎ면散
ㅎ리니衆이前에散ㅎ고敵이後에乘ㅎ면死亡이無日ㅎ리니엇지시러금不悲ㅎ
잇고

淵이乃悟ᄒ야世民이乃與建成으로分道夜追ᄒ니左軍이復還ᄒ고太原
運糧이亦至러라
淵이이에悟ᄒ거늘世民이이에建成으로더브러道ᄅᆞᆯ分ᄒ야夜追ᄒ니左軍이ᄯᅩ遝ᄒ고太原運糧이ᄯᅩ至ᄒ더라
八月에雨霽ᄅᆞᆯ淵이命軍中ᄒ야曝鎧仗ᄒ고行裝趣霍邑ᄒᆞᆯᄉᆡ釋義王氏歲縣也後改永安縣隋改霍邑今霍州有霍邑屬平陽
若將圍城之狀ᄒ고且詶之ᄒ니建成世民이將數千騎ᄅᆞᆯ至城下ᄒ야擧鞭指麾詬䍧候反詬罵也
道而出가兵이大敗ᄒ야老生이下馬投壍ᄒ거늘劉弘基ㅣ就斬之ᄒ고
逐克霍邑ᄒ다
八月에雨가霽ᄒ거늘淵이軍中에命ᄒ야鎧杖을曝ᄒ고裝을行ᄒ야霍邑으로趣ᄒᆞᆯᄉᆡ建成과世民이數千騎ᄅᆞᆯ將ᄒ고城下에至ᄒ야鞭을擧ᄒ야指麾ᄒ야將ᄎᆞᆺ圍城의狀갓치ᄒ고ᄯᅩ詬ᄒ니老生이怒ᄒ야兵三萬을引ᄒ야出ᄒ다가兵이大敗ᄒ지라老生이馬에下ᄒ야壍에投ᄒ거늘劉弘基ㅣ就ᄒ야斬ᄒ고드ᄃᆡ여霍邑을克ᄒ다
李淵이欲引兵西趣長安ᄒ야猶豫未決이어ᄂᆞᆯ裴寂이曰屈突通이

擁大衆ᄒᆞ야 憑堅城ᄒᆞᄂᆞᆫ 吾ㅣ 捨之而去ᄒᆞ야 若進攻長安不克ᄒᆞ고 退
爲河東所踵이면 腹背受敵ᄒᆞ리 此ᄂᆞᆫ 危道也라 不若先克河東然
後에 西上長安이니 恃通爲援이라 通敗면 長安이 必破矣리라
鼓行而西ᄒᆞ면 長安之人이 望風震駭ᄒᆞ야 智不及謀오 勇
世民이 曰 不然다 兵貴神速이니 吾席累勝之威ᄒᆞ고 撫歸附之衆ᄒᆞ야
不及斷ᄒᆞ리니 取之若振槀葉耳는
下면 彼得成謀ᄒᆞ야 脩備以待我ᄒᆞ리니
喪也며 則大事ㅣ 去矣오 且關中蜂起之將이 未有所屬ᄒᆞ니 不可不

李淵이 引兵ᄒᆞ고 西으로 長安에 趣코자 ᄒᆞ야 猶豫未決ᄒᆞ거ᄂᆞᆯ 寂이 曰 屈突通이 大
衆을 擁ᄒᆞ야 堅城을 憑ᄒᆞ니 吾가 捨ᄒᆞ고 去ᄒᆞ얏다가 만일 長安을 進攻ᄒᆞ야 不克ᄒᆞ고
退ᄒᆞ야 河東에 踵혼 비되면 腹背로 敵을 受ᄒᆞ리니이ᄂᆞᆫ 危道ㅣ라 먼져 河東을 克ᄒᆞᆫ 然
後에 西으로 長安에 踵혼 맛ᄀᆞ지 못ᄒᆞᆯ지니 通을 恃ᄒᆞ야 援을 삼앗다가 通이 敗ᄒᆞ면
長安이 必破ᄒᆞ리다

釋義皷行者
兵以皷進

釋義槀古
造反枯也

釋義沮
將豫反

坐費日月ᄒᆞ고 衆心이 離沮
若淹留自弊於堅城之

不招懷也ㅣ오 屈突通은 自守虜耳니 不足爲慮라
世民이 曰不然ᄒᆞ다 兵은 神速를 貴ᄒᆞ니 吾가 累勝의 威를 席ᄒᆞ고 歸附의 衆을 撫ᄒᆞ야 皷行ᄒᆞ야 西ᄒᆞ면 長安의 人이 望風震駭ᄒᆞ야 智가 謀에 及지 못ᄒᆞ고 勇이 斷에 及지 못ᄒᆞ리니 取ᄒᆞ믈 枯葉을 振ᄒᆞᆷ 갓만ᄒᆞᆯ것이어늘 만일 淹留ᄒᆞ야 堅城의 下에 勢가 시러금 謀를 成ᄒᆞ야 脩備ᄒᆞ야ᄡᅥ 我를 待ᄒᆞ리니 日月을 坐費ᄒᆞ고 衆心이 離沮ᄒᆞ면 大事가 去ᄒᆞᆯ것이오 關中에 蜂起의 將이 屬ᄒᆞᆫ바 未有ᄒᆞ니 可히 日즉 招懷치 아니ᄒᆞ지 못ᄒᆞ지오 屈突通은 自守ᄒᆞᄂᆞᆫ 虜ㅣ니 足히 爲慮치 아니ᄒᆞᆯ것이니라

淵이 兩從之ᄒᆞ야 留諸將圍河東ᄒᆞ고 自引兵而西ᄒᆞᄂᆞᆫ 京兆諸縣이 多
遣使請降이러라
淵이 兩從ᄒᆞ야 諸將을 留ᄒᆞ야 河東을 圍ᄒᆞ고 스ᄉᆞ로 引兵ᄒᆞ고 西으로 ᄒᆞ니 京兆諸縣이 만히 使를 遣ᄒᆞ야 降請ᄒᆞ더라

淵이 帥諸軍濟河ᄒᆞ니 關中士民歸之者ㅣ 如市ᄒᆞ고 世民所至에 吏
民及羣盜ㅣ 歸之如流라 世民이 収其豪俊ᄒᆞ야 以備僚屬ᄒᆞ고
女李氏適柴紹者ㅣ 亦將精兵萬餘ᄒᆞ고 會世民於渭北ᄒᆞ야 與柴

紹도 各置幕府호고號를 娘子軍이라호다 民

淵이諸軍을師호고河를濟호니關中의士民이歸호는者ㅣ市와如호고世民이至호
는바에吏民과믿羣盜ㅣ歸호미流宮과如호지라世民이그豪傑을收호야써僚屬을
備호다淵의女李氏ㅣ柴紹의게適호者ㅣ坐히精兵万餘를將호고世民을渭北에會
호야柴紹로더브러各히幕府를置호고號를娘子軍이라호다

隰城尉房玄齡이 謁世民於軍門이어눌 世民이 一見에 如舊識호야
署記室參軍호고 引爲謀主호니 玄齡이 亦自以遇知己ㅣ라호야 罄竭心
力호야 知無不爲호리 世民이 引兵屯于阿城호니 勝兵이 十二萬이라 軍
令이嚴整호고秋毫不犯호더라

隰城尉房玄齡이世民을軍門에謁호거눌世民이一見호미舊識과如히호야記室參
軍을署호고引호야謀主를삼으니玄齡이또호스스로써知已를遇호얏다호야心力
을罄竭호야知를不爲호미無호더라世民이引兵호야阿城에屯호니勝兵이十二萬
이라軍令이嚴整호야秋毫도犯치아니호더라

十月애 蕭銑이 起兵巴陵호야 自稱梁王호다

十月에蕭銑이兵을巴陵에起ᄒᆞ야스스로梁王이라稱ᄒᆞ다

十一月에 李淵이 長安을 克ᄒᆞ고 民으로 더브러 法十二條를 約ᄒᆞ야 다 隋의 苛禁을 除ᄒᆞ다

十一月에李淵이克長安ᄒᆞ고與民으로約法十二條ᄒᆞ야悉除隋苛禁ᄒᆞ다

馬邑郡丞李靖이本ᄃᆡ 淵으로더브러 有隙ᄒᆞ더니 淵이 靖을 收ᄒᆞ야 장찻 斬ᄒᆞ려 ᄒᆞ거ᄂᆞᆯ 靖이 大呼ᄒᆞ야 曰 公이 義兵을 興ᄒᆞ야 暴亂을 平코자 ᄒᆞ야 私怨으로ᄡᅥ 壯士를 殺ᄒᆞᄂᆞ냐 世民이 ᄯᅩᄒᆞᆫ 捨ᄒᆞ기ᄅᆞᆯ 固請ᄒᆞᆫᄃᆡ 世民이 因ᄒᆞ야 幕府에 命ᄒᆞ야 置ᄒᆞ다

馬邑郡丞李靖이 素與淵으로 有隙이러니 淵이 収靖將斬之ᄒᆞᆯᄉᆡ 靖이 大呼曰公이 興義兵ᄒᆞ야 欲平暴亂而以私怨으로 殺壯士乎아 世民이 爲之固請이어ᄂᆞᆯ 乃捨之ᄒᆞ고 世民이 因命置幕府ᄒᆞ다

淵이備法駕ᄒᆞ야迎代王侑ᄒᆞ야即皇帝位於天興殿ᄒᆞ니時年이十三이라大赦改元ᄒᆞ고遙尊煬帝ᄒᆞ야爲太上皇ᄒᆞ고以淵으로假黃鉞都督內外諸軍事ᄒᆞ고進封唐王ᄒᆞ니己巳에以李建成으로爲唐世子

淵이法駕를備ᄒᆞ야代王侑를迎ᄒᆞ야皇帝位에卽ᄒᆞ니時에年이十三이라大赦ᄒᆞ고改元ᄒᆞ고煬帝를遙尊ᄒᆞ야太上皇을삼고淵으로黃鉞을假ᄒᆞ야內外諸軍事를都督케ᄒᆞ고唐王을進封ᄒᆞ니已에李建成으로唐世子를삼다

右隋四帝合稱帝三十年

唐紀

按歐陽修作唐新史成於嘉祐五年溫公通鑑以治平開局要之新史通鑑皆被旨編定之書學者通用無害也又有貞觀政要魏鄭公諫錄及唐舊史通鑑皆采用之文多不同今學者用唐史只稱史臣不必泥出處今略具大槩以備檢閱其遺闕處皆舊史也

高祖神堯皇帝 名淵 姓李 在位九年 壽七十

六年之中海內咸服何成功之速哉盖以太宗之爲子也舉晉陽精兵承亡隋之弊席卷長驅奄有關中命將出師掃除亂略

(戊寅) 元年 隋恭帝侑義寧二年恭帝侗皇泰元年○唐高祖武德元年○夏王竇建德五鳳元年凉王李軌安樂元年楚王宋粲昌達元年○是歲拜楚士弘魏定楊梁師都秦梁銑凡十二國隋煬帝廣恭帝侑秦魏

四月에宇文化及이弑煬帝於江都ᄒᆞ고自稱大丞相ᄒᆞ다

四月에宇文化及이煬帝를江都에弑ᄒᆞ고스스로大丞相이라稱ᄒᆞ다

梁蕭銑이卽皇帝位ᄒᆞ니於是에東自九江으로西抵三岐ᄒᆞ고南盡交

(越王侗은 代王侑之兄)

趾ᄒᆞ고 北距漢川ᄒᆞ야 銑이 皆有之ᄒᆞ니 勝兵이 四十餘萬이러
梁蕭銑이 皇帝位에 即ᄒᆞ니 東으로 九江으로부터 西으로 三峽에 抵ᄒᆞ고 南으로
交趾에 盡ᄒᆞ고 北으로 漢川에 距ᄒᆞ다 두니 勝兵이 四十餘萬이러라
五月戊午에 隋恭帝ㅣ 禪位于唐ᄒᆞ니 唐王이 即皇帝位
五月戊午에 隋恭帝가 位를 唐王의게 禪ᄒᆞ거늘 唐王이 皇帝位에 即ᄒᆞ고 改元
隋煬帝凶聞이 至東都ᄒᆞ야늘 留守官이 奉越王侗ᄒᆞ야 即帝位ᄒᆞ고 改元
ᄒᆞ고 王世充으로 爲左僕射ᄒᆞ야 摠督內外諸軍事ᄒᆞ니 世充이 漸
結黨援ᄒᆞ야 恣行威福ᄒᆞ고 子弟ㅣ 咸典兵馬ᄒᆞ야 勢震內外ᄒᆞ니 皇泰王
皇泰고 ᄯᅡ라 以王世充으로 爲左僕射ᄒᆞ야 摠督內外
隋煬帝의 凶聞이 東都에 至ᄒᆞ거늘 留守官이 越王侗을 奉ᄒᆞ야 帝位에 即ᄒᆞ고 元을 皇
泰라 改ᄒᆞ고 王世充으로써 左僕射를 삼아 內外諸軍事를 總督ᄒᆞ니 世充이 漸히 黨
을 結ᄒᆞ야 威福을 恣行ᄒᆞ고 子弟가 다 兵馬을 典ᄒᆞ야 勢가 內外에 震ᄒᆞ니 皇泰王은 拱
手ᄒᆞᆯ ᄯᆞ름이러라

拱手而已ᄒᆞ더라

時에 中國人避亂者多入突厥ᄒᆞ니 突厥이 彊盛ᄒᆞ더라 이 釋義 夏曰 獯鬻 商曰 鬼方 周曰 玁狁 漢曰 凶奴 魏曰 突厥

東으로自契丹室韋로西로盡吐谷渾高昌諸國이皆臣之하니控弦이百餘萬이라 唐初起兵에資其兵馬하야前後飼遺를不可勝紀러라

씨에 中國人이 避亂한者ㅣ 만히 突厥에 入하니 突厥이 彊盛한지라 東으로 契丹室韋로붓허 西으로 吐谷渾高昌에 盡하기 諸國이 다臣하니 控弦이 百餘萬이라 唐이 처음에 起兵홈에 其兵馬를 資하야 前後에 餉遺홈을 可히 勝紀치 못하깃더라

唐이 命裴寂劉文靜等하야 修定律令하고 置國子太學하니 四門生이 合三百餘員이라 郡縣學에 各置生員하다

唐이 裴寂과 劉文靜을 命하야 律令을 修定하고 國子太學을 置하니 四門生이 合三百餘員이라 郡縣學에 各히 生員을 置하다

唐主ㅣ 待裴寂特厚하야 稱爲裴監而不名하고 委蕭瑀以庶政하야 事無大小히 莫不關掌하니 瑀ㅣ 亦孜孜盡力하야 繩違擧過하니

人皆憚之ᄒ더라

唐主가裵寂을待ᄒ기를特厚히ᄒ야襲監이라稱ᄒ야襲ᄒ지아니ᄒ고名치아니ᄒ고蕭瑀의게庶政으로써委ᄒ야事의大小가無히關掌치아님이無ᄒ니瑀가ᄯᅩ孜々盡力ᄒ야違를繩ᄒ고過를擧ᄒ니人이다憚ᄒ더라

唐萬年縣法曹孫伏伽ㅣ上表ᄒ야以爲隋以惡聞其過도亡天下라陛下ㅣ龍飛晉陽에遠近이響應ᄒ야未朞年而登帝位ᄒ니徒知得之之易ᄒ고不知隋失之之不難也라臣은謂宜易其覆轍
務盡下情이니라ᄒ노이다

唐萬年縣法曹孫伏伽가上表ᄒ야ᄒ되隋는其過를惡聞ᄒᆷ으로天下를亡ᄒ엿지라陛下ㅣ晉陽에龍飛ᄒᄋᆷ에遠近이響應ᄒ야朞年이못되야帝位에登ᄒ니갓得의易만知ᄒ고隋失의不難을不知ᄒ지라臣은謂ᄒ되맛당히그覆轍을易ᄒ야下情을
務盡ᄒ지라ᄒ노이다

唐主ㅣ省表大悅ᄒ야下詔褒稱ᄒ고擢爲治書侍御史ᄒ고 賜帛三
百匹ᄒ다

出伏伽傳

唐主ㅣ表를省ᄒᆞ고大悅ᄒᆞ야詔를下ᄒᆞ야襃稱ᄒᆞ고擢ᄒᆞ야治書侍御를史삼고帛三百四를賜ᄒᆞ다

八月에秦主薛擧ㅣ卒ᄒᆞ고太子仁杲ㅣ立ᄒᆞ다
八月에秦主薛擧가卒ᄒᆞ고太子仁杲가立ᄒᆞ다

九月라이初에魏公李密이旣殺翟讓ᄒᆞ고釋義屑先是翟讓以立密自負求寳貨於房彥藻彥藻等因說密殺之頗自驕矜ᄒᆞ야開洛口倉ᄒᆞ야散米無防守ᄒᆞ니取之者ㅣ隨意多少ᄒᆞ야或離倉之後에力不能致ᄒᆞ야李棄衢路ᄒᆞ니自倉城로至郭門히米厚數寸이오群盜來就食者ㅣ近百萬口ㅣ라密이喜ᄒᆞ야謂賈閏甫曰此可謂足食矣로되閏甫ㅣ對曰國은以民爲本ᄒᆞ고民은以食爲天ᄒᆞᄂᆞ니今民이所以襁負如流而至者ᄂᆞᆫ以所天이在此故也ᄅᆞ而有司ㅣ曾無愛客ᄒᆞ고屑越이如此ᄒᆞ니釋義屑先結反荀子屑越官輕棄之也切恐一旦애米盡民散ᄒᆞ면明公이孰與成大業哉리오

九月이라初에魏公李密이이任翟讓을殺ᄒᆞ고자못스스로驕矜ᄒᆞ야洛口倉을開ᄒᆞ

야 米를 散하야 防守가 無하니 取하는 者 l 意에 多少를 隨하야 或 離倉의 後에 力이 能
히 致치 못하야 衢路에 委棄하니 倉城으로부터 郭門에 至하기 米 厚가 數寸이오 羣盜
가 來하야 就食하는 者 l 百萬口에 近하지라 密이 喜하야 買閏甫다려 謂하야 曰 이 可
히 足食이로다 閏甫 l 對하야 曰 國은 民으로써 本을 삼고 民은 食으로써 天
을 삼으니 今에 民이써 積貯 l 流하기 至하지는 밧者 l 此에 在호故어
는 有司가 曾히 愛惜하이 無하고 屑越홈이 如此하니 切恐컨디 一旦에 米가 盡하고 民
이 散하면 明公이 誰로더브러 大業을 成하리오

李密이 與王世充으로 戰失利하야 與衆三萬人으로 歸關中하다 <small>出李密傳</small>
李密이 王世充으로더브러 戰하야 失利하야 衆三萬人으로더브러 關中에 歸하다

薛仁杲之爲太子也에 與諸將으로 各有隙이러니
薛仁杲 l 太子됨에 諸將으로더브러 各히 隙이 有하더니 及即位홈에 衆心이 猜懼하

猜懼하니 由是로 國勢 l 浸弱하더라
니 由是로 國勢가 浸弱하더라

秦王世民이 至高墌하야 仁杲 l 使宗羅睺로 將兵拒戰하늘 秦世民
이 引大軍하고 自原北으로 出其不意하니 羅睺士卒이 大潰라 斬首千

級고 世民이 牽二千餘騎야 追之曰破竹之勢를 不可失也ㅣ라 고
遂進至城下야 圍之니 夜半에 守城者ㅣ 爭自投下거늘 仁杲ㅣ 計
窮出降니 諸將이 皆賀고 因問曰大王이 一戰而勝고 輕騎로 直
造城下니 衆皆以爲不克而卒取之는 何也ㅣ오
秦王世民이 高墌에 至니 仁杲가 宗羅睺로 여곰 兵을 將야 拒戰거늘 秦世民
이 大軍을 引야 其不意에 出니 羅睺ㅣ 將士卒이 大潰호 지라 首千級
을 斬고 世民이 二千餘騎를 牽고 追야 日破竹의 勢를 可失치못리라 고
더여 城下에 進야 圍야 夜半에 守城者가 爭야 스스로 投下거늘 仁杲ㅣ 計
窮야 出降니 諸軍이 다 賀고 因야 問야 曰 大王이 一戰야 勝고 輕騎로
곳城下에 造니 衆은 다 써 不克이 되맛참내 取홈은 엇지孞이닛고
世民이 曰羅睺所將은 皆隴外之人이라 將曉卒悍니 吾特出
其不意而破之나 斬獲이 不多니 若緩之則皆入城야 仁杲ㅣ
撫而用之면 未易克也ㅣ오 急之則散歸隴外야 折墌虛弱리
仁杲ㅣ 破膽야 不暇爲謀라 此는 吾所以克也ㅣ니 衆이 皆悅服

世民이 日羅睺의 將혼바는 다隴外의 人이라 將이驍ᄒᆞ고 卒이悍ᄒᆞ니 吾가 特히 그不
意에 出ᄒᆞ야 破ᄒᆞ얏스니 斬獲이 多치못ᄒᆞ니 萬一緩혼즉 다 城에 入ᄒᆞ리니 仁杲가 撫
ᄒᆞ야 用ᄒᆞ면 易克치못ᄒᆞᆯ것이오 急혼즉 隴外로 散歸ᄒᆞ야 즉折城虛弱ᄒᆞ리니 仁杲가 破
ᄒᆞ야 謀ᄒᆞᆷ을 不暇ᄒᆞᆯ지라 이는 吾가 써克ᄒᆞᆫ 비니 衆이다 悅服ᄒᆞ더라
膽ᄒᆞ야

世民이 所得降卒을 悉使仁杲兄弟及宗羅睺로 將之ᄒᆞ야 與之
射獵에 無所疑間ᄒᆞ니 賊이 畏威銜恩ᄒᆞ야 皆願効死 러出仁
世民이 得한바 降卒을 다仁杲의 兄弟와 밋宗羅睺로 將케ᄒᆞ야더브러 射獵ᄒᆞᆷ에 疑間 杲傳
ᄒᆞ는빈無ᄒᆞ니 賊이威를畏ᄒᆞ고恩을 銜ᄒᆞ야 다効死ᄒᆞᆷ을 願ᄒᆞ더라

唐主ᅵ 使李密로迎秦王世民於豳州ᄒᆞ니密이 自恃智略功名ᄒᆞ고
唐主ᅵ李密로ᄒᆞ야금秦王世民을豳州에 迎ᄒᆞᆯ시 密이 스스로 智略과 功名을 恃ᄒᆞ고
見上에猶有傲色이러ᅵ 及見世民에 不覺驚服ᄒᆞ야 私謂殷開山曰
上을 見ᄒᆞᆷ에 오히려 傲色이 有ᄒᆞ더니 밋世民을 見ᄒᆞᆷ에 驚服ᄒᆞᆷ을 不覺ᄒᆞ야 私히 殷開

眞英主也라 不如是면 何以定禍亂乎 아傳
山다러 謂ᄒᆞ야 曰眞英主라 是와 如치 안으면 엇지 써 禍亂을 定ᄒᆞ랴 出密

徐世勣이 據李密舊境호야 未有所屬이러니 魏徵이 隨密至長安호야
久히 不爲朝廷所知ㅣ어 乃自請安集山東혼이어 唐主ㅣ 以爲秘書
丞호야 乘傳至黎陽호야 遺徐世勣書호야
勸之早降더 世勣이 遂決計西向서호 謂郭孝恪曰此民衆土地
皆魏公有也ㅣ니 吾若上表獻之면 是는 利主之敗호야 自爲功
以邀富貴也ㅣ니 吾實耻之라호노

徐世勣이 李密舊境에 據호야 所屬이 未有호더니 魏徵이 密을 隨호야 長安
에 至호야 久히 朝廷에 知호비 되지 못호얏더니 이에 스스로 山東을 安集호기를 請호야
唐主ㅣ써 秘書丞을 삼으니 乘傳호고 黎陽에 至호야 徐世勣의게 書를 遺호야 早降호
을 勸혼디 世勣이 드여 計를 決호야 西向홀시 郭孝恪다려 謂호야 曰이 民衆土地는
다 魏公의 有홈이니 吾가 만일 上表호야 獻홈이면 이는 主의 敗홈을 利히 여거스스로 功
을 爲호고 써 富貴를 邀홈이니 吾ㅣ 實로 耻호노라

今宜籍郡縣戶口士馬之數호야 以啓魏公호야 使自獻之고따호
遣孝恪호야 詣長安호니 唐主ㅣ 聞世勣使者ㅣ至에 無表止有啓與

密호고 甚怪之어늘 孝恪이 具言世勣意호니 唐主ㅣ乃歎曰徐世勣이

不背德不邀功호니 眞純臣也ㅣ라호고 賜姓李氏호다 出本傳

李密이 驕貴日久호고 又自負歸國之功야호 朝廷이 待之ㅣ不副

本望호야 鬱鬱不樂야호 乃獻策於唐主曰山東之衆은 皆臣故

時麾下ㅣ니 請徃收而撫之야호 憑藉國威면 取王世充을 如拾地

芥耳다리이

密호고 甚怪之어늘 孝恪이 그 世勣의 意를 다 말한대 唐主ㅣ이에 歎야호 曰徐世勣이 德을 背치아니며호 功을 邀치아니니ㅎ 참純臣이라

호고 姓李氏를 賜호다

李密이 驕貴가日久호고 도스스로 歸國의 功을 負호야 朝廷이 待홈이 本望에 不副호

다호야 鬱々不樂호이애 策을 主의게 獻호야 曰山東의 衆은 다 臣의 故時麾下ㅣ니 請

컨디 徃收호야 撫호야 國威를 憑藉면호 王世充 取호기를 地芥를 拾홈과 如히 호리다

今에 맛당히 郡縣의 戶口士馬의 數를 籍호야 써 魏公의게 啓호야 長安에 詣호니 唐主의 使者ㅣ 至홈에 表가 無호고

다만 啓만 有호야 孝恪이 世勣을 與호고 甚怪히여 기거늘 孝恪이다 世勣의 意를 말호니

唐主ㅣ이에 歎호야 曰徐世勣이 德을 背치아니호며 功을 邀치아니니ㅎ 참純臣이라

호고 姓李氏를 賜호다

乃以王伯當으로 爲密副而遣之하니 十二月에 李密이 遂據桃林縣城하야 驅掠徒衆하고 直趣南山하야 乘險而東이어늘 盛彦師ㅣ 擊斬之하고 傳首長安하다

이에 王伯當으로써 密의 副를 삼아 遣하엿더니 十二月에 李密이 드듸여 桃林縣城을 據하야 徒衆을 驅掠하고 곳 南山에 趣하야 險을 乘하야 東으로 하거늘 盛彦師ㅣ 擊斬하고 首를 長安에 傳하다

出本傳

有犯法不至死者어들 唐主ㅣ 特命殺之어늘 監察御史李素立이 諫曰三尺法은 王者ㅣ 所與天下로 共之也니 法一動搖면 人無所措手足이리니 陛下ㅣ 甫創鴻業에 奈何棄法이시고 臣恐法司ㅣ 敢奉詔이로소이다 唐主ㅣ 從之하고 自是로 特承恩遇하다

法에 犯하고 死에 不至하는 者ㅣ 有하거늘 唐主ㅣ 特히 命하야 殺라하는대 監察御史 李素立이 諫하야 曰 三尺法은 王者ㅣ 天下로더브러 共히 하는 비니 法이 한번 動搖하면 人이 手足을 措홀 비 無홀지니 陛下가 鴻業을 甫히 創홈에 엇지 法을 棄하시고 臣은 恐컨대 法司를 忝하얏스니 敢히 詔를 奉치 못하깃노이다 唐主ㅣ 從하니 이로붓터 特히 恩遇

(橫有調
欲調
也)賦

命을承ᄒᆞ더라
所司ᄅᆞᆯ命ᄒᆞ야授以七品淸要官ᄒᆞ니所司ᅵ擬雍州司戶ᄒᆞᆯᄃᆡ唐主ᅵ曰
此官은要而不淸이라ᄒᆞ고又擬秘書郞ᄒᆞᆫᄃᆡ唐主ᅵ曰此官은淸而不
要고ᄒᆞ고遂擢授侍御史ᄒᆞ다
所司ᄅᆞᆯ命ᄒᆞ야七品淸要官을授ᄒᆞ라ᄒᆞ니所司ᅵ雍州司戶ᄅᆞᆯ擬ᄒᆞ거ᄂᆞᆯ唐主ᅵ曰此官은
要ᄒᆞ고不淸ᄒᆞ니라ᄯᅩ秘書郞을擬ᄒᆞᆫᄃᆡ唐主ᅵ曰此官은淸ᄒᆞ고不要ᄒᆞ다ᄒᆞ고ᄃᆞ듸
여擢ᄒᆞ야侍御史ᄅᆞᆯ授ᄒᆞ다

(己卯)隋恭帝○皇泰二年唐武德二年○鄭王王世充開明元梁王沈法興延康元
吳王李子通明政元年○是歲隋梁楚粲亡幷楚夏定楊梁師都梁銑凡九國
庸調法ᄒᆞ야有調이有身則有庸租出穀庸出絹調出繒○布廩出本紀及食貨志
綿三兩이오自玆以外ᄂᆞᆫ에不得橫有調斂다每丁에租二石과絹二匹과
唐이初로租庸調法을定ᄒᆞ야每丁에租二石과絹二匹과綿三兩이오이로븟터以外
에는시러곰調斂을橫有치못ᄒᆞ다
唐主ᅵ考第羣臣ᄒᆞᆯᄉᆡ李綱孫伏伽로爲第一ᄒᆞ고因置酒高會ᄒᆞ고
謂裴寂等曰隋氏ᅵ以主驕臣諂으로亡天下ᄒᆞ니朕이卽位以來

每虛心求諫이나然이나差李綱이差盡忠歎호고孫伏伽는可謂
誠直이오餘人은猶踵弊風야俛眉而已니豈朕所望哉아
王世充이即帝位고國號를鄭이라다
七月에劉武周ㅣ進逼幷州ㅣ어늘齊王元吉이棄州고奔還長安니晉
陽土豪薛深이以城으로納武周다
武周軍勢ㅣ甚銳니關中이震駭라上이悉發關中兵야以益世
民所統야使擊武周다

尉遲姓也
敬德字也
彊名也出
兵書(尋相)姓
名也

武周의 軍勢가 甚銳하니 關中이 震駭한지라 上이 關中兵을 發하야써 世民의 統
호바를 益하야 금武周를 擊하다

五月에 鄭主世充이 弑隋主侗하고 諡曰恭皇帝라하다
五月에 鄭主世充이 隋主侗을 弑하고 諡하야 曰恭皇帝라 하다

(庚辰)唐武德三年○是歲并楚夏定楊梁師都
梁銑鄭梁法興吳凡九國定楊梁法興亡

相持하야 世民이 屢破金剛將尉遲敬德과 尋相等하니 四月에 金
剛이 食盡北走하여늘 世民이 追及尋相於呂州하야 大破之하고 乘勝逐
北하야 北陰方軍一晝夜에 行二百餘里하야 戰數十合하고 追及金剛於
雀鼠谷하야 一日八戰에 皆破之하니 世民이 不食이 二日이오 不解甲이
三日矣러라
唐世民이 劉武周將宋金剛으로더브러 相持할새 世民이 자조 金剛의 將尉遲敬德과
尋相의 等을 破하니 四月에 金剛이 食盡하야 北走하거늘 世民이 尋相을 呂州에 追及
하야 大破하고 勝을 乘하야 逐北하야 一晝夜에 二百餘里를 行하야 數十合을 戰하고
金剛을 雀鼠谷에 追及하야 一日八戰에 破하니 世民이 不食이 二日이오 不解甲이 三

敬德이 與尋相으로 擧介州及永安降커야 世民이 得敬德甚喜야
以爲右一府統軍고 使將其舊衆八千야 與諸營으로相參케
武周ㅣ 聞金剛이 敗고 大懼야 棄幷州고 走突厥이어 劉
百餘騎로 走突厥니 幷州ㅣ 悉平다德傳

敬德이 尋相으로더브러 介州와밋永安을 擧야 降거 世民이 敬德을 得고 甚
喜야 써 右一府統軍을 삼고 그 舊衆八千을 將야 諸營으로더브러 相參케
니 劉武周ㅣ 金剛이 敗홈을 聞고 大懼야 幷州를 棄고 突厥로 走거 金剛
이坐 百餘騎로더브러 突厥로 走니 幷州ㅣ 다平다

七月에 唐이 詔秦王世民야 督諸軍야 擊王世充다
七月에 唐이 秦王世民을 詔야 諸軍을 督야 王世充을 擊다

劉武周降將尋相等이 多叛去諸將이 疑尉遲敬德야 囚之
軍中이러니 屈突通과 殷開山이 言於世民曰敬德이 驍勇이 絕倫니
今旣囚之에 心必怨望오 留之면 恐爲後患니 不如遂殺之니다

劉武周의 降將 尋相等이 만히 叛去ᄒ거늘 諸將이 尉遲敬德을 疑ᄒ야 軍中에 囚ᄒ얏더니 屈突通과 殷開山이 世民ᄭ게 言ᄒ야 曰敬德의 驍勇이 絶倫ᄒ니 今에 임의 囚ᄒ엿ᄂᆞ니 心에 반듯이 怨望ᄒᆞᆯ지오 留ᄒ면 後患이 될ᄭᅡ 恐ᄒ오니 드디여 殺ᄒ시ᄆᆞᆫ 갓지 못ᄒ니이다

世民이 曰不然ᄒ다 敬德이 若叛이면 豈在尋相之後邪아 遽命釋之ᄒ고 引入臥內ᄒ야 賜之金曰丈夫ㅣ 意氣로 相期ᄂᆞ니 勿以小嫌으로 介意ᄒ라 吾終不信讒言ᄒ야 以害忠良ᄒᆞ리니 公宜體之ᄒ라 必欲去者ㅣ면 以此金ᄋᆞ로 相資ᄒ야 表一時共事之情也ᄒ노라

世民이 日不然ᄒ다 敬德이 만일 叛ᄒ면 엇지 尋相의 後에 在ᄒ랴 문득 命ᄒ야 釋ᄒ고 臥內에 引入ᄒ야 金을 賜ᄒ야 曰丈夫가 意氣로 相期ᄒᆞ나니 小嫌으로ᄡᅥ 介意치 말나 吾가 終히 讒言을 信ᄒ야ᄡᅥ 忠良을 害치 아니 ᄒ리니 公은 맛당히 體ᄒ라 반다시 去 코자ᄒᆞ는 者ㅣ면 此金으로ᄡᅥ 相資ᄒ야 一時共事의 情을 表ᄒ겟노라

己而오 世民이 以五百騎로 行戰地야 登魏宣武陵ᄒ니 釋義謂後魏宣武帝陵也

世充이 帥步騎萬餘ᄒ고 猝至圍之ᄒ고 單雄信이 引槊 色角反與稍同 直趨世

民이어敬德이 躍馬大呼ᄒᆞ야 橫刺雄信ᄒᆞ야 墮馬ᄒᆞ니 世充兵이 稍却ᄒᆞ더라

敬德이 翼世民出圍ᄒᆞ다

世民敬德이 更帥騎兵還戰ᄒᆞ야셔 出入世充陳ᄒᆞ야 往返에 無所礙러라

屈突通이 引大兵繼至ᄒᆞ니 世充兵이 大敗ᄒᆞ야 僅以身免ᄒᆞ거늘 斬首

千餘級ᄒᆞ다 世民이 謂敬德曰 公何相報之速也ㅇ 賜敬德金

銀一篋ᄒᆞ니ᄂᆞᆫ 自是로 寵遇日隆ᄒᆞ더러

世民과 敬德이 騎兵을 帥ᄒᆞ고 還戰ᄒᆞᆯ시 世充의 陳에 出入ᄒᆞ야 往返에 ᄭ 礙ᄒᆞᄂᆞᆫ비 無ᄒᆞ
지라 世民이 屈突通이 大兵을 引ᄒᆞ야 繼至ᄒᆞ니 世充兵이 大敗ᄒᆞ야 僅히 身으로ᄡᅥ 免ᄒᆞ거늘
首千餘級을 斬ᄒᆞ다 世民이 敬德다려 謂曰 公은 엇지 相報홈을 速히ᄒᆞᄂᆞ뇨 敬德
을 金銀一篋을 賜ᄒᆞ니 是로自ᄒᆞ야 寵遇가 日隆ᄒᆞ더라

敬德이 善避稍ᄒᆞ야 每單騎로 入敵陳中이어ᄃᆞᆫ 敵이 叢稍刺之호ᄃᆡ 終莫

能傷이오 又能奪敵稍ᄒᆞ야 返刺之러라

敬德이 善히 稍를 避ᄒᆞ야 單騎로 敵의 陣中에 入홈에 敵이 叢稍로 刺ᄒᆞ되 ᄆᆞᄎᆞᆷ내 能히 傷치 못ᄒᆞ고 ᄯᅩ 能히 敵의 稍를 奪ᄒᆞ야 返刺하더라

齊王元吉이 以善馬稍로 自負ᄒᆞ더니 聞敬德之能ᄒᆞ고 請與敬德으로 較

勝負ᄒᆞ야 元吉이 操稍躍馬ᄒᆞ야 志在刺之호ᄃᆡ 敬德이 須臾에 三奪其

稍라 出敬德傳

齊王元吉이 馬稍를 善히 홈으로ᄡᅥ 自負ᄒᆞ더니 敬德의 能홈을 聞ᄒᆞ고 敬德으로 더브러 勝負를 較ᄒᆞᆯᄉᆡ 元吉이 稍를 操ᄒᆞ고 馬를 躍ᄒᆞ야 志가 刺ᄒᆞ기에 在ᄒᆞ되 敬德이 須臾에 其稍를 三奪ᄒᆞ더라

(辛巳)唐武德四年○是歲夏鄭梁銑吳亡幷楚梁師都凡三國

救之ᄒᆞᆫᄃᆡ 乃遺世民書ᄒᆞ되 請退軍潼關ᄒᆞ야 復修前好ᄒᆞᆫᄃᆡ 世民이 集將

佐議之ᄒᆞᄂᆞ니 皆請避其鋒ᄒᆞ여ᄂᆞᆯ 郭孝恪이 曰王世充은 窮蹙ᄒᆞ야 垂將

面縛이오 竇建德은 運糧ᄒᆞ야 遠來助之ᄂᆞ니 隋末王世充據洛陽稱鄭竇建德據河北稱夏此ᄂᆞᆫ 天意ㅣ 欲兩亡之也ㅣ니 不過二旬에 兩主ㅣ 就縛矣리라

唐兵이 洛陽을 圍ᄒᆞ니 城中이 乏食호지라 竇建德이 救ᄒᆞᆯ시이에 世民의게 書ᄅᆞᆯ 遺ᄒᆞ되 請컨딘 潼關에 退軍ᄒᆞ야 다시 前好ᄅᆞᆯ 修ᄒᆞ쟈ᄒᆞ거늘 世民이 將佐ᄅᆞᆯ 集ᄒᆞ야 議ᄒᆞ니 다 其鋒을 避키ᄅᆞᆯ 請ᄒᆞ거늘 郭孝恪이 曰王世充은 窮蹙ᄒᆞ야 將面縛ᄒᆞᆯ 것이오 竇建 德은 運糧ᄒᆞ야 遠來ᄒᆞ야 助ᄒᆞ니 이ᄂᆞᆫ 天意가 兩亡케 ᄒᆞ고자 홈이니 二旬이 不過ᄒᆞ야 兩主ㅣ 就縛ᄒᆞ리이다

世民이 善之ᄒᆞ야 驍騎ᄅᆞᆯ 將ᄒᆞ고 出武關東ᄒᆞ니 建德이 迫於武牢ᄒᆞ야 不得進 ᄒᆞ고 數戰不利ᄒᆞ려 建德이 中策을 釋義中去聲 楊武威ㅣ 逐之ᄒᆞ니 建德이 墜 馬라 武威ㅣ 下擒之ᄒᆞ다 世民이 四建德等ᄒᆞ고 至洛陽城下ᄒᆞ야 以示 世充ᄒᆞ니 世充諸將이 曰吾所恃者ᄂᆞᆫ 夏主ㅣ러니 今已爲擒ᄒᆞ니 雖得出 ᄒᆞ야도 終必無成이라ᄒᆞ더라

이라ᄒᆞ고자 조戰ᄒᆞ야 利치 못ᄒᆞ더니 建德이 樂에 中ᄒᆞ거늘 楊武威가 逐ᄒᆞ니 建德이 馬에 ᄒᆞ고 世民이 善히 ᄒᆞ여거 驍騎ᄅᆞᆯ 將ᄒᆞ고 武牢東으로 出ᄒᆞ니 建德이 武牢에 迫ᄒᆞ야 得進

墜호는지라 武威가 下호야 擒호야다 世民이 建德等을 囚호고 洛陽城下에 至호야써 世
充의게 示호니 世充諸將이 글으되 吾의 恃호는 밧者는 夏主러니 今에 임의 擒홈이되
니 비록 出홈을 得홀지라도 맛춤니 반다시 成홈이 無호리라 호더라

世充이 素服으로 帥太子羣臣二千餘人호고 詣軍門降호어늘 世民이
入宮城호야 觀隋宮殿호고 歎曰逞侈心窮호야 人欲無亡이니 得乎아 命
撤端門樓호고 焚乾陽殿호며 毁則天門及闕호고 廢諸道塲호다   出世充
世充이 素服으로 太子와 羣臣二千餘人을 帥호고 軍門에 詣호야 降호거늘 世民이 宮   建德傳
城에 入호야 隋의 宮殿을 觀호고 歎호야 曰逞侈心窮호니 人이 亡코자 호나 得호랴
命호야 端門樓를 撤호고 乾陽殿을 焚호며 天門과 밋闕을 毁호고 諸道塲을 廢호다

七月에 建德部將劉黑闥이 起兵于漳南호니 兵勢大振이라 十一
月에 陷冀州호고 擊李世勣等호야 破之호고 遂攻拔相州호고 又取黎衛
二州호니 半歲之間에 盡復建德舊境이라 丁卯에 命秦王世民과 齊
王元吉야 討之호다
　七月에 建德의 部將 劉黑闥이 兵을 江南에 起호니 兵勢가 大振 호는지라 十一月에 冀

州를陷ᄒᆞ고李世勣等을擊ᄒᆞ야破ᄒᆞ고드듸여相州를攻拔ᄒᆞ고坐ᄒᆞ야黎衛二州를取ᄒᆞ니半歲의間에다建德의舊境을復ᄒᆞ지라丁卯에秦王世民과齊王元吉을命ᄒᆞ야討ᄒᆞ다

隋末에錢幣濫薄ᄒᆞ야 至裁皮糊紙ᄒᆞ야爲之ᄒᆞ니民間이不勝其弊러니

至是ᄒᆞ야唐이初行開元通寶ᄒᆞ니錢積이十錢이오重이一兩이라輕重

大小ㅣ最爲折衷ᄒᆞ니 釋義最爲折衷言極停當也 遠近이便之러라 出食貨志

隋末에錢幣가濫薄ᄒᆞ야裁皮와糊紙에至ᄒᆞ야爲ᄒᆞ니民間이其弊를不勝ᄒᆞ더니에至ᄒᆞ야ᄂᆞᆫ唐이쳐음으로開元通寶를行ᄒᆞ니錢積이十錢이오重이一兩이라輕重大小가장折衷홈이되니遠近이便히여기더라

唐主ㅣ以秦王世民이功大로前代官은不足以稱之ᄒᆞ야特置

天策上將ᄒᆞ니位在王公上이라 冬十月에以世民으로爲天策上將ᄒᆞ고

開天策府ᄒᆞ야置官屬ᄒᆞ다

唐主가秦王世民이功大홈으로ᄡᅥ稱치못ᄒᆞ리라ᄒᆞ야特히天策上將을置ᄒᆞ니位가王公의上에在ᄒᆞᆫ지라冬十月에世民으로ᄡᅥ天策上將을삼고天策府를開ᄒᆞᆞ야官屬을置ᄒᆞ다

世民이 以海內浸平로 乃開舘於宮西ᄒᆞ야 延四方文學之士ᄒᆞᆯᄉᆡ 出教ᄒᆞ야 以王府屬杜如晦와 記室房玄齡과 虞世南과 文學褚亮과 姚思廉과 主簿李玄道과 叅軍蔡允恭과 薛元敬과 顔相時와 諮議典籤蘇勗과 天策府從事中郞于志寧과 軍諮祭酒蘇世長과 記室薛收와 倉曹李守素와 國子助教陸德明과 孔穎達과 信都蓋文達과 宋州總管府戶曹許敬宗ᄋᆞ로 並以本官로 兼文學舘學士ᄒᆞ고 分爲三番ᄒᆞ야 更日直宿ᄒᆞ고 供給珍膳ᄒᆞ니 恩禮優厚ᄒᆞ더라
世民이 海內가 浸平ᄒᆞᆷᄋᆞ로ᄡᅥ 이에 舘을 宮西에 開ᄒᆞ야 四方文學의 士를 延ᄒᆞ야 出教ᄒᆞ시 王府屬杜如晦와 記室房玄齡과 虞世南과 文學褚亮과 姚思廉과 主簿李玄道와 叅軍蔡允恭과 薛元敬과 顔相時와 諮議典籤蘇勗과 天策府從事中郞于志寧과 軍諮祭酒蘇世長과 記室薛收와 倉曹李守素와 國子助教陸德明과 孔穎達과 信都蓋文達과 宋州總管府戶曹許敬宗ᄋᆞ로ᄡᅥ 並히 本官으로 文學舘學士를 兼ᄒᆞ고 分ᄒᆞ야 三番을 삼아 日을 更ᄒᆞ야 直宿ᄒᆞ고 珍膳을 供給ᄒᆞ니 恩禮가 優厚ᄒᆞ더라
世民이 朝謁公事之暇에 輒至舘中ᄒᆞ야 引諸學士ᄒᆞ야 討論文籍ᄒᆞ고

或夜分乃寢ᄒ고 乃使庫直閣立本으로 圖像ᄒ고 褚亮으로 爲贊ᄒ고 號를 十八學士ㅣ라 士大夫ㅣ 得預其選者면 時人이 謂之登瀛洲라ᄒ더라 本出

紀及褚亮傳釋義瀛洲山名神仙居焉前郊祀志蓬萊方丈瀛洲此三神山傳在海中登瀛洲言如昇仙也

世民이 朝謁公事의 暇에 문득 館中에 至ᄒ야 諸學士를 引ᄒ야 文籍을 討論ᄒ야 或夜分에 寢ᄒ고 이에 庫直閣立本으로 ᄒ야곰 像을 圖ᄒ고 褚亮으로 贊을 ᄒ니 號를 十八學士라 士大夫가 其選에 得預ᄒ者면 時人이 瀛洲에 登ᄒ엿다 하더라

初에 杜如晦ㅣ 爲秦王府兵曹參軍이라 俄選陝州長史ᄂ 時에 府僚ㅣ 多補外官이라 世民이 患之ᄂᆞᆫ 房玄齡이 日餘人은 不足惜이어니와 如晦ᄂᆞᆫ 王佐之材라 即奏爲府屬ᄒ야 與玄齡으로 常從世民征伐ᄒ야 參謀帷幄ᄒ니 軍中이 多事ᄒ면 如晦ㅣ 剖決이 如流ᄒ더라

初에 杜如晦가 秦王府兵曹參軍이 되얏다가 俄에 陝州長史가 되니 時에 府僚가 多히 外官을 補ᄒᄂ지라 世民이 患ᄒᄂ거ᄂᆞᆯ 房玄齡이 日餘人은 足히 惜지 아니ᄒ되 杜如晦ᄂᆞᆫ 王佐의 材라ᄒ고 곳 奏ᄒ야 府屬을 삼아 玄齡으로 더브러 常히 世民을 從ᄒ야 征伐ᄒ야난 帷幄에 參謀ᄒ니 軍中이 多事ᄒ면 如晦가 剖決ᄒᆷ이 如流ᄒ더라

世民이每破軍克城에諸將佐ㅣ爭取寶貨호ㄷㅣ玄齡은獨収來人
物ᄒᆞ야致之幕府ᄒᆞ고又將佐ㅣ有勇略者ㅣ면玄齡이必與之深相結
ᄒᆞ야使爲世民盡死力ᄒᆞ더라
齡이爲吾見陳事ᄒᆞ니雖隔千里나皆如面談
　世民이미양軍을破ᄒᆞ고城을克ᄒᆞ면모ᄃᆞᆫ將佐ᄂᆞᆫ爭ᄒᆞ야寶貨를取호ᄃᆡ玄齡은홀로
　人物을収來ᄒᆞ야幕府에置ᄒᆞ고將佐ㅣ勇略이有ᄒᆞᆫ者ㅣ면玄齡이반ᄃᆞ시더브러
　깁히相結ᄒᆞ야ᄒᆞ여곰世民을爲ᄒᆞ야死力을盡케ᄒᆞ더라미양玄齡으로ᄒᆞ야곰入ᄒᆞ야
　事奏事ᄒᆞ예唐主ㅣ歎ᄒᆞ야日玄齡이吾兒를爲ᄒᆞ야事를陳ᄒᆞ니비록千里에隔ᄒᆞ얏
　스나다面談ᄒᆞᆷ과如ᄒᆞ다ᄒᆞ더라
唐이詔發巴蜀兵ᄒᆞ야以趙郡王孝恭과李靖으로統十二総管ᄒᆞ야自
夔州로順流東下ᄒᆞ야以擊蕭銑ᄒᆞᆯᄉᆡ時에蕭銑이以罷兵營農也로
纔留宿衛數千人이러니聞唐兵이至ᄒᆞ고大懼ᄒᆞ야倉猝徵兵ᄒᆞ니皆在
江嶺之外ᄒᆞ야道塗阻遠ᄒᆞ야不能遽集ᄒᆞ고乃悉見兵ᄒᆞ야出拒戰ᄒᆞ더니
李靖이縱兵ᄒᆞ야奮擊大破之ᄒᆞ고乘勝直抵江陵ᄒᆞ야入其外

郭고又攻水城拔之야大獲舟艦 李靖이 使孝恭으로盡投之江
中ᄒ니諸將이皆曰破敵所獲을當作其用이어ᄂ奈何로棄以資敵고
ᄒ야ᄶ서敵을資ᄒ나잇고

唐이巴蜀兵을詔發ᄒ야趙郡王孝恭과李靖으로十二總管을統ᄒ야蘷州로브터
順流東下ᄒ야蕭銑을擊ᄒ시ㅅ時에蕭銑이兵을罷ᄒ고農을營ᄒ야거우宿衛
數千人을留ᄒ얏더니唐兵이至ᄒᆷ을聞ᄒ고大懼ᄒ야倉猝히徵兵ᄒ니다江嶺의外
에在ᄒ야道塗가阻遠ᄒ야能히遽集치못ᄒ고見兵을다ᄒ야出ᄒ야拒戰ᄒ거
ᄂ李靖이兵을縱ᄒ야奮擊ᄒ야크게大破ᄒ고勝을乘ᄒ야곳江陵에入
ᄒ고坐水城을攻ᄒ야拔ᄒ야舟船을獲ᄒ니李靖이孝恭으로ᄒ야곰다江中에
投ᄒ니諸將이다굴으티敵을破ᄒ고獲ᄒ바를맛당히其用을作ᄒ깆거ᄂ奈何로棄

靖이曰蕭銑之地ᄂ南出嶺表고東距洞庭니吾懸軍深入야若
攻城未拔고援兵이四集면吾-表裏受敵야進退不獲니雖有
舟楫이나將安用之오리今棄舟艦야使塞江而下면援兵이見之고
必謂江陵이已破야라ᄒ야未敢輕進ᄒ고往來覘伺야動淹旬月이면吾

取之必矣라

靖이曰蕭銑의地는南으로嶺表에出ᄒᆞ고東으로洞庭에距ᄒᆞ니吾가軍을懸ᄒᆞ고深入ᄒᆞ야만일城을攻ᄒᆞ야拔치못ᄒᆞ고援兵이四集ᄒᆞ면吾ㅣ表裡로敵을受ᄒᆞ야進退에獲치못ᄒᆞ리니비록舟楫이有ᄒᆞᄂᆞ장ᄎᆞ어ᄃᆡ쓰리오슈에舟艦을棄ᄒᆞ야今江에塞ᄒᆞ야下케ᄒᆞ면援兵이見ᄒᆞ고반ᄃᆞ시江陵이已破ᄒᆞ얏다ᄒᆞ야敢히輕進치못ᄒᆞ고往來에覘伺ᄒᆞ야旬月을動淹ᄒᆞ면吾가取홈을반ᄃᆞ시ᄒᆞ리라

銑의援兵이見舟艦ᄒᆞ고果疑不進ᄒᆞᄂᆞ니銑이內外阻絶이라乃謂群下曰天不祚梁ᄒᆞ야不可復支矣라若必待力屈則百姓이蒙患ᄒᆞ리라奈何로以我一人之故로陷百姓於塗炭乎아

銑의援兵이舟艦을見ᄒᆞ고果疑ᄒᆞ야進치아니ᄒᆞ니銑이內外가阻絶ᄒᆞᆫ지라銑이群下다려謂ᄒᆞ야曰天이祚梁치아니ᄒᆞ야可히下復支치못ᄒᆞ리로다만일반ᄃᆞ시力屈ᄒᆞᆯ을待ᄒᆞᆫ則百姓이患을蒙ᄒᆞ리니奈何로我一人의故로ᄡᅥ百姓을塗炭에陷케ᄒᆞ랴

乃下令ᄒᆞ야開門出降ᄒᆞ니銑이降數日에援兵至者ㅣ十餘萬이라이聞ᄒᆞ고江陵不守ᄒᆞ고皆釋甲而降ᄒᆞᄂᆞ니孝恭이送銑於長安ᄒᆞ야斬於都市

이에令을下ᄒᆞ야門을開ᄒᆞ고降ᄒᆞ니銑이降혼지數日에援兵이至ᄒᆞᆫ者ㅣ十餘萬이
라江陵이不守홈을聞ᄒᆞ고다甲을釋ᄒᆞ고降ᄒᆞ니孝恭이銑을長安에送ᄒᆞ야都市에
斬ᄒᆞ다

壬辰 唐武德五年○漢東王劉黑闥天授元年○是歲楚拜梁凡三國 正月에劉黑闥이自稱漢東王이라ᄒᆞ고都洛
州어늘唐秦王世民이擊破之ᄒᆞ대黑闥이奔突厥ᄒᆞ니山東이悉平ᄒᆞ니라 六
月에黑闥이引突厥ᄒᆞ야寇山東ᄒᆞ야
正月에劉黑闥이스스로漢東王이라稱ᄒᆞ고洛州에都ᄒᆞ거늘唐秦王世民이擊破ᄒᆞ
대黑闥이突厥로奔ᄒᆞ니山東이다平ᄒᆞ니라六月이黑闥이突厥을引ᄒᆞ야山東을寇
ᄒᆞ다

八月己未에突厥頡利可汗이寇幷州ᄒᆞ고遣兵寇原州어늘唐主
ㅣ謂羣臣曰突厥이入寇而復求和ᄒᆞ니和與戰이孰利오太常卿
鄭元璹ㅣ曰戰則怨深ᄒᆞ리니不如和利ᄂᆡ다
八月己未에突厥頡利可汗이幷州를寇ᄒᆞ고兵을遣ᄒᆞ야原州를寇ᄒᆞ거늘唐主ㅣ羣
臣다려謂ᄒᆞ야曰突厥이入寇ᄒᆞ고다시和를求ᄒᆞ니和와다못戰이孰이利ᄒᆞ고太常

卿鄭元璹ㅣ曰戰ᄒᆞᆫ즉怨이深ᄒᆞ리니和의利ᄒᆞᆷ만갓지못ᄒᆞ니다
中書令封德彝ㅣ曰突厥이恃犬羊之衆ᄒᆞ야有輕中國之意ᄒᆞ니
若不戰而和ᄒᆞ면示之以弱ᄒᆞ야明年에將復來ᄒᆞ리니臣愚ᄂᆞᆫ以爲不
如擊之오旣勝而後에與和則恩威兼著矣리이다唐主ㅣ從之ᄒᆞ다
中書封德彝ㅣ曰突厥이犬羊의衆을恃ᄒᆞ야中國을輕ᄒᆞᄂᆞᆫ意가有ᄒᆞ니만일不戰
ᄒᆞ고和ᄒᆞ면써弱ᄒᆞᆷ을示ᄒᆞ야明年에장ᄎᆞᆺ다시來ᄒᆞ리니臣은써擊ᄒᆞ니만갓지못
ᄒᆞ고임이戰ᄒᆞᆫ後에더브러和ᄒᆞᆫ즉恩威가兼著ᄒᆞ리이다唐主ㅣ從ᄒᆞ다
九月에劉黑闥이陷瀛州ᄒᆞ고進陷鹽州ᄒᆞ다
　九月에劉黑闥이瀛州를陷고進ᄒᆞ야鹽州를陷ᄒᆞ다
十月에唐淮陽王道玄이與黑闥로戰於下博이라가兵敗ᄒᆞ야爲黑
闥에所殺ᄒᆞ니山東이震駭ᄒᆞ야州縣이皆叛附於黑闥이라旬日間에黑
闥이盡復故地ᄒᆞ고進據洺州ᄒᆞ다
　十月에唐淮陽王道玄이黑闥로더브러下博에셔戰ᄒᆞ다가兵敗ᄒᆞ야黑闥에殺ᄒᆞᆫ비
　되니山東이震駭ᄒᆞ야州縣이다叛ᄒᆞ야黑闥의게附ᄒᆞᄂᆞᆫ지라旬日間에黑闥이다故

(道玄)唐
主從兄之
子

地를復ᄒᆞ고進ᄒᆞ야洛州에據ᄒᆞ다

道玄이數從秦王世民征伐ᄒᆞ러니死ᄒᆞ니時年이十九라世民이深惜
之ᄒᆞ야謂人曰道玄이常從吾征伐ᄒᆞ야見吾深入賊陳ᄒᆞ고心慕效
之ᄒᆞ야以至於此라ᄒᆞ고爲之流涕라

道玄이자조秦王世民을從ᄒᆞ야征伐ᄒᆞ더니死ᄒᆞ니時年이十九라世民이深惜ᄒᆞ
여人의게謂ᄒᆞ야曰道玄이常히吾를從ᄒᆞ야征伐ᄒᆞᆷ에吾ㅣ깊히賊陳에入ᄒᆞᆷ을見ᄒᆞ
고心에慕ᄒᆞ야效ᄒᆞ엿다ᄒᆞ고爲ᄒᆞ야流涕ᄒᆞ더라

世民이自起兵以來로前後數十戰에常身先士卒ᄒᆞ야輕騎로深
入에雖屢危殆而未嘗爲矢亦所傷이러라

世民이起兵ᄒᆞ야ᄡᅥ來ᄒᆞᆷ으로부허前後數十戰에常히身으로士卒에先ᄒᆞ야輕騎로
深入ᄒᆞᆷ이비록자조危殆ᄒᆞ엿스나일즉矢끼의傷흔바가되지아니ᄒᆞ엿더라

初에唐主之起兵晉陽也ᄂᆞᆫ皆秦王世民之謀라唐王이謂世
民日若事成則天下ᄂᆞᆫ皆汝所致니當以汝로爲太子ᅵ러니及爲
唐王ᄒᆞ야將佐ᅵ亦請以世民으로爲世子ᄒᆞᆫᄃᆡ唐王ᅵ將立之니世

(中允)官
名

民이固辭而止다 太子建成은 喜酒色遊畋ᄒᆞ고 齊王元吉은 多過
失야皆無寵이러니
世民의功名이日盛ᄒᆞ니 唐主ㅣ常有意以代建成이어ᄂᆞᆯ建成이內不
自安ᄒᆞ야乃與元吉으로協謀ᄒᆞ고共傾世民ᄒᆞ야曲意事諸妃嬪ᄒᆞ야以求
媚於上이라

太子中允王珪와 洗馬魏徵이 說太子曰泰王은 功盖天下에

初에 唐主ㅣ兵을 晋陽에 起홈은 秦王世民의 謀ㅣ라 唐主ㅣ世民다려 謂ᄒᆞ야 曰 만일
事가成ᄒᆞ면 天下는 다 汝의 致ᄒᆞᆫ 빈니 맛당히 汝도써 太子를 삼으리라 ᄒᆞ더니 밋唐王
이되야는 將가 佐ᄒᆞ야 世民으로써 世子삼기를 請ᄒᆞ거ᄂᆞᆯ 唐王ㅣ장ᄎᆞᆺ立ᄒᆞ려ᄒᆞ더니
世民이 固辭ᄒᆞ야止ᄒᆞ다 太子建成은 酒色과 遊畋을 喜ᄒᆞ고 齊王元吉은 過失이 多
ᄒᆞ야다 寵이 無ᄒᆞ더라
世民의 功名이 日로 盛ᄒᆞ니 唐主ㅣ 항상 建成을 代ᄒᆞᆯ 意가 有ᄒᆞ거ᄂᆞᆯ 建成이 內로 自安
치 못ᄒᆞ야 이에 元吉으로더브러 協謀ᄒᆞ고 共히 世民을 傾ᄒᆞ려 ᄒᆞ시 意를 曲ᄒᆞ야 모든妃
嬪을 事ᄒᆞ야ᄡᅥ 媚를 上에게 求ᄒᆞ더라

送ㅣ於太子ㅣ斬之ㅣ

中外歸心ㅎ고殿下는但以年長으로位居東宮에無大功以鎭海內ㅎ나니今劉黑闥은散亡之餘衆이不滿萬ㅎ고資糧이匱乏ㅎ니以大軍臨之면勢如拉朽ㅣ라 拉洛合反折也 殿下ㅣ宜自擊之ㅎ야以取功名ㅎ고因ㅎ야結納山東豪傑ㅎ면庶可自安이리이다

太子中允王珪와洗馬魏徵이太子를說ㅎ야曰秦王은功이盖天下에中外가歸心ㅎ고今殿下는다못年長으로써位가東宮에居홈이오大功이無ㅎ고써海內를鎭ㅎ려ㅎ니今에劉黑闥은散亡의餘衆이萬에不滿ㅎ고資糧이匱乏ㅎ지라大軍으로써臨ㅎ면勢가拉朽와如ㅎ리니殿下가맛당히스스로擊ㅎ야써功名을取ㅎ고因ㅎ야山東豪傑을結納ㅎ면거의可히自安ㅎ스리이다

太子ㅣ乃請行이어늘唐主ㅣ許之다 成傳出建 甲申에詔太子建成ㅎ야將兵討黑闥ㅎ다黑闥이引兵而南ㅎ눌建成元吉이擊破之ㅎ니는黑闥의食盡衆散ㅎ야遂夜遁ㅎ다

太子ㅣ이에行ㅎ옴을請ㅎ거늘唐主ㅣ許ㅎ다甲申에太子建成을詔ㅎ야兵을將ㅎ야黑闥을討ㅎ니黑闥이兵을引ㅎ고南으로ㅎ거늘建成과元吉이擊破ㅎ니黑闥이食

이盡ᄒᆞ고衆이散ᄒᆞ야드듸여夜에遁ᄒᆞ다

(癸未)唐武德六年○是歲漢東亡幷梁凡三國黑闥에所署饒州刺史諸葛德威ㅣ執黑闥

ᄒᆞ고擧城降ᄒᆞ야斬之ᄒᆞ다

黑闥이署ᄒᆞᆫ바饒州刺史諸葛德威ㅣ黑闥을執ᄒᆞ고城을擧ᄒᆞ야降ᄒᆞ거ᄂᆞᆯ斬ᄒᆞ다

(甲申)武德七年이라正月에周齊의舊制을依ᄒᆞ야每州에置

大中正一人ᄒᆞ야掌知州內人物ᄒᆞ고品量望第ᄒᆞ야以本州門望

高者로領之ᄒᆞ고無品秩ᄒᆞ다

武德七年이라正月에周齊의舊制을依ᄒᆞ야每州에大中正一人을置ᄒᆞ야州內人物을掌知ᄒᆞ고望第를品量ᄒᆞ야本州에門望이高ᄒᆞᆫ者로ᄡᅥ領ᄒᆞ고品秩은無케하다

二月에詔諸州ᄒᆞ야有明一經以上未仕者ᄅᆞᆯ咸以名聞ᄒᆞ고州縣

及鄕에皆置學ᄒᆞ다

二月에諸州에詔ᄒᆞ야一經以上을明ᄒᆞ고仕치못ᄒᆞᆫ者가有ᄒᆞ거던다ᄡᅥ名聞ᄒᆞ고州縣과밋鄕에다學을置ᄒᆞ다

四月에初定均田租庸調法ᄒᆞ야丁中之民은

(均田)均

(均田)均不也

釋義丁者當也當强壯之時中者謂上下通也四歲爲小十六爲中二十

給田一頃ᄒᆞ고 篤疾은 減什之六ᄒᆞ고 寡妻妾은 減七ᄒᆞ되 皆以什
之二로 爲世業ᄒᆞ고 八로 爲口分ᄒᆞ고 釋義分扶問反口分田八十畝 每丁에 歲入이 租ᄂᆞᆫ 粟
二碩이오 調ᄂᆞᆫ 隨土地所宜ᄒᆞ야 綾絹絁布오 釋義風土不同故其宜亦異也皮帛之細曰
綾如麥稍曰絹絲經縷皆枲曰
布絁音始移反 歲役에 二旬不役則收其傭曰三尺ᄒᆞ고 釋義王氏曰傭通作庸唐用人力
歲二十日閏加二日不役者則日
收綾或絹或 有事而加役者ㅣ 旬有五日이면 免其調ᄒᆞ고 三旬이면 租調
布三尺是之爲庸
俱免ᄒᆞ고 水旱蟲霜이 爲災ᄒᆞ야ᄲᅥᆫ에 損四以上이면 免租ᄒᆞ고 損六以上
免調ᄒᆞ고 損七以上이면 課役을 俱免ᄒᆞᄂᆞ다 食貨
四月에 初로 均田租庸調法을 定ᄒᆞ야 丁中에 民은 田一頃을 給ᄒᆞ고 篤疾은 什의 六을
減ᄒᆞ고 寡妻妾은 七을 減호ᄃᆡ 十에 二로ᄡᅥ 世業을 삼고 八로 口分을 삼고 每丁에 歲入
이 租ᄂᆞᆫ 粟이 二碩이오 調ᄂᆞᆫ 土地所宜를 隨ᄒᆞ야 絹綾絁布오 歲役에 二旬을 不役ᄒᆞᆫ즉
其傭을 日로 三尺식 收ᄒᆞ고 事가 有ᄒᆞᆷ애 加役ᄒᆞᆫ者ㅣ 旬이 五日이면 其調를 免ᄒᆞ
고 三旬이면 租調를 다 免ᄒᆞ고 水旱蟲霜이 爲災ᄒᆞ야 損이 四以上이면 租를 免ᄒᆞ
고 六以上이 損ᄒᆞ면 調를 免ᄒᆞ고 七以上이 損ᄒᆞ면 課役을 다 免ᄒᆞᄂᆞ다

七月에 或이 說上曰突厥이 所以屢寇關中者ᄂᆞᆫ 以子女玉帛이

皆在長安故也ㅣ니若焚長安而不都則胡寇ㅣ自息矣리라
七月에或이 이 上을 說ᄒᆞ야 日突厥이 써 關中을 屢侵ᄒᆞᄂᆞᆫ者ᄂᆞᆫ 써 子女玉帛이 다 長安에 在ᄒᆞᆫ故니萬一長安을焚ᄒᆞ고都ᄒᆞ지아니ᄒᆞ즉胡寇가自息ᄒᆞ리이다

上이 써 然ᄒᆞ여
秦王世民이諫曰戎狄이患됨은自古有之라陛
下ㅣ以聖武로龍興ᄒᆞ샤
中夏에光宅ᄒᆞ시니精兵이百萬이오征ᄒᆞᄂᆞᆫ바에敵이無ᄒᆞ거
奈何以胡寇擾邊ᄅᆞ遽遷都以避之ᄒᆞ고
漢庭一將이되어도
猶志滅凶奴ᄒᆞᆫ이
世之笑乎ㅣ잇가彼霍去病은
貽四海之羞ᄒᆞ야 爲百
悉備藩維 願假數年之期 請係頡利之頭ᄒᆞ야致闕下
其不敵이라遷都未晚이니上이日善라
上이 然히 여 秦王이諫ᄒᆞ거늘 써武로써龍興ᄒᆞ샤中夏에光宅ᄒᆞ시고精兵이百萬이오征ᄒᆞᄂᆞᆫ바에敵이無ᄒᆞ거늘奈何로胡寇擾邊ᄒᆞᆷᄋᆞ로문득遷都ᄒᆞ야避ᄒᆞ려ᄒᆞᄂᆞ잇고漢庭에一將이되도오ᄒᆞ러凶奴를滅ᄒᆞ기를志ᄒᆞ얏거든況臣이
藩維에悉備ᄒᆞ니願컨디數年의期를假ᄒᆞ면請컨디頡利의頸을係ᄒᆞ야闕下에致ᄒᆞ

建成이 與妃嬪으로 因共譖世民曰突厥이 雖屢爲邊患이나 得賂
則退어늘 秦王이 外託禦寇之名고 內欲總兵權야 成其簒奪之
謀耳니이다 上이 每有寇盜에 輒命世民討之고 事平之後에 猜嫌益
甚러라

出突厥及
建成傳

建成이 妃嬪으로더브러 因하야 世民을 譖하야曰 突厥이 비록자조邊患이되나 賂를
得하면즉退하거늘 秦王이 外로 禦寇의 名을 託하고 內로 兵權을 總하야 그簒奪의 謀를
成코자하나니다 上이 寇盜가 有함에 문득 世民을 命하야 討하고 事平한後에 猜嫌이
益甚하더라

八月에 突厥이 寇原忻幷綏四州나 京師ㅣ 戒嚴다이러 是時에 頡利
突利二可汗이 擧國入寇야 連營南上을 秦王世民과 齊王元

釋義凾通作
○悲巾反古
時公劉來居
故爲凾國漢
爲右扶

吉이 引兵拒之서할 世民이 與虜로 遇於爾州야 時어 勒兵將戰서할 可汗이 帥萬餘騎고 奄至城下늘 元

風西魏置爾
州唐玄宗以
凾字類幽字
故遂改爲分

吉이懼曰虜의形勢如此하니奈何輕出이리오

八月에突厥이原州와慶州를寇하니京師ㅣ戒嚴하더라이씨에頡利와突利의二可汗이國을드러入寇하야營을連하야南上하거늘秦王世民과齊王元吉이兵을引하야拒할새世民이虜로더브러豳州에遇하야兵을勒하야將戰할새可汗이萬餘騎를帥하고城下에奄至하거늘元吉이懼하야曰虜의形勢가如此하니奈何로輕出하리오

世民이曰汝가敢히出치못하면吾가맛당히獨往하리라하고虜陳을告하니

世民이曰汝不敢出이면吾當獨往이라하고乃帥騎馳詣虜陳하야告之

日國家와可汗으로和親하엿거늘엇지貢約을負하고깁히我地에馳詣하야日國家가可汗으로더브러和親하엿거늘엇지貢約을負하고깁히

日國家與可汗和親하늘何爲負約고深入我地오我는秦王

也니可汗이能鬪어든獨出與我鬪라하고又遣騎하야前告突利日爾ㅣ

往에與我盟터호有急相救너라今에乃引兵相攻하나何無香火之

情也오 釋義謂引神明以懼之也

我地에入하얏는고我는秦王이니可汗이能히鬪하려거든獨出하야我로더브러鬪

(時彌)彌
延也

後에霖雨益甚이러라
世民이又前將渡溝水ᄒ야頡利ᅳ見世民이輕出ᄒ고又聞香火之
言ᄒ고疑突利와與世民으로有謀ᄒ야乃遣止世民曰王은不湏度
ᄒ소셔我無他意오更欲與王으로申固盟約耳고ᄒ야乃引兵稍却ᄂᆞᆫ是
라ᄒ고이에兵을引ᄒ니後에霖雨가더욱甚ᄒ더라
世民이謂諸將曰虜는所恃者ᅳ弓矢耳라ᄂᆞ今積雨彌時에筋膠
俱解ᄒ야弓不可用이니彼如飛鳥之折翼이오吾는屋居火食ᄒ고刀槊
이犀利ᄂᆞ니犀ᄂᆞᆫ釋義犀堅也師古曰古以犀咒皮爲鎧故謂堅曰犀
ᄂᆞᆫ以逸制勞라此而不乘이면將復何待오리오乃
潛師夜出ᄒ야冒雨而進ᄒ니突厥이大驚ᄒ다

世民이ᄯᅩ騎를遣ᄒ야突利에게前告ᄒ야曰爾가往에我로더브러盟ᄒ되急ᄒᆷ이有ᄒ
면셔로救ᄒ자ᄒ더니이제이에兵을引ᄒ아셔로攻ᄒ니엇지香火의情이업ᄂᆞᆫ고
ᄒ니突利가世民으로더브러有謀ᄒ고다시王ᄋᆞ로브러盟約ᄋᆞᆯ申固케ᄒ고져 ᄒᆞᆷ이
라ᄒ고이에兵을引ᄒ니後에霖雨가더욱甚ᄒ더라
世民이ᄯᅩ前으로將次溝水를度ᄒᆞ니頡利가世民이輕出ᄒᆞᆷ을見ᄒ고ᄯᅩ香火의言을
聞ᄒ고突利가世民으로더브러有謀ᄒ야疑ᄒ야世民을止ᄒ야曰王ᄋᆞᆫ
項히度ᄒᆞ지마소셔我는他意가無ᄒ고다시王ᄋᆞ로브러盟約ᄋᆞᆯ申固케ᄒᆞ고져 ᄒᆞᆷ이
라ᄒ고이에兵을引ᄒ니後에霖雨가더욱甚ᄒ더라

世民이 諸將다려 謂호야曰虜는恃호는바ㅣ弓矢라今에積雨가彌時호에筋膠가俱解호야 可히用치못홀지니 져飛鳥의折翼홈과 如호고 吾는 屋에居호야 火食호 고 刀槊이 犀利호니 勞를 制홀지라 이를 乘면 장차 다시 무엇을 待호리오 이에 師를 潛호고 夜出호야 雨를 冒호고 進호니 突厥이 大驚호는지라

世民이 又遣說突利以利害호니 突利ㅣ說야 聽命고頡利ㅣ欲戰호더

突利ㅣ不可니라乃遣突利야來見世民고請結和親이어 世民이許

之니突利ㅣ因自託於世民고請結爲兄弟놀 世民이亦以恩

意로撫之야與盟而去다

世民이 또 遣호야 突利를 利害로써 說호니 突利ㅣ 命을 聽호고 頡利ㅣ 戰코자 호디 突利가 不可라호니 이에 突利를 遣호야 世民을 來見호고 和親을 請호거놀 世民 이 許호니 突利ㅣ 스스로 世民에게 託호고 結호야 兄弟됨을 請호거놀 世民이 또호 恩意로써 撫호야더브러 盟호고 去호다

(己酉)八年이라正月에以壽州都督張鎭周로爲舒州都督니鎭

周ㅣ以舒州로本其鄕里로到州에就故宅야多布酒肴고召親

(三途)釋
氏以地獄
餓鬼畜生
爲三途

戚ᄒ야 與之酬宴에 散髮箕踞를 釋義箕踞傲坐也坐伸兩足以手按膝形如箕也 如爲布衣時ᅵ凡
十日이러 旣而오 分贈金帛고 泣與之別日今日에 張鎭周ᅵ猶
得與故人歡飮ᄒ니어와 明日之後則舒州都督도 治百姓耳라 君
民이 禮隔ᄒ니 不復得爲交遊라ᄒ고 自是로 親戚故人이 犯法ᄒ면 一無
所從ᄒ니 境內ᅵ 肅然이러라 出本傳

八年이라 正月에 壽州都督張鎭周로ᄡ어 舒州都督을삼으니 鎭周ᅵ 舒州로 본ᄃᆡ 그
鄕里로셔 州에 到ᄒ야 故宅에 就ᄒ야 만히 酒肴를 市ᄒ고 親戚을 召ᄒ야 더브러 酣宴홀
에 散髮箕踞ᄒ야 布衣時 됨갓치ᄒ고 무릇 十日이러니 이믜오 金帛을 分贈ᄒ고 泣ᄒ며
더브러 別ᄒ야 曰 今日에 張鎭周ㅣ가 오히려 故人으로더브러 歡飮ᄒ얏거니와 明日의
後則 舒州都督으로 百姓을 治ᄒ지라 君民이 禮가 隔ᄒ거니 다시 시러금 交遊치 못ᄒ리
라ᄒ고 이로부터 親戚과 故人이 法에 犯ᄒ면 一도 縱ᄒᄂᆞᆫ바 無ᄒ니 境內가 肅然ᄒ더
라

(丙戌) 九年이라 太史令傅奕이 上疏ᄒ야 請除佛法曰 佛在西域ᄒ야
言妖路遠ᄒ니러러 漢譯胡書ᄒ야 釋義西胡之書難曉故以漢語譯之後秦姚與使鳩摩羅什翻譯西域經論 姿其假託ᄒ야 使

不忠不孝로 創髮而揖君親하고 遊手遊食하야 易服以逃租賦하고
僞啓三途하며 謬張六道하야 遂使愚迷로 妄求功德하고 不憚科禁하야
輕犯憲章하고 且生死壽夭는 由於自然이오 刑法威福은 關之人
主오 貧富貴賤은 功業所招어늘 而愚僧이 矯詐하야 皆云由佛이라하야 竊
人主之權하고 擅造化之力하야 其爲害政이 良可悲矣라

九年이라 太史令傅奕이 上書하야 佛法除하기를 請하야 曰佛이 西域에 在하야 言이
妖하고 路가 遠하더니 漢이 胡書를 譯하야 其假託을 恣하야 不忠不孝로하야 今髮을
創하야 君親의게 揖하고 遊手遊食하야 服을 易하야써 租賦를 逃하고 거짓 三途를 啓
하며 짓 六道를 張하야 愚迷로하여 금妄히 功德을 求하고 科禁을 憚치 아니
하야 憲章을 輕犯하고 또 生死와 壽夭는 自然에 由함이오 刑法과 威福은 人主에 關함
이오 貧富와 貴賤은 功業의 招함이어늘 愚僧이 矯訴하야 다 佛에 由한다하니 人主
의 權을 竊하고 造化의 力을 擅하야 그 政에 害되이 진실로 可히 悲함지라

自漢以前으로 初無佛法호대 君明臣忠하고 祚長年久하더니 自立胡神호매
羌戎이 亂華하고 主庸臣佞하고 政虐祚短하니 梁武齊襄이 足爲明鏡

(太僕卿 掌邦國廐牧車輿之政令)

今天下애 僧尼─ 數盈十萬ᄒᆞ니 請令匹配ᄒᆞ면 卽成十萬餘戶─라

産育男女ᄒᆞ야 十年長養ᄒᆞ고 一紀敎訓ᄒᆞ면 可以足兵ᄒᆞ리이다

漢의 以前으로부터 佛法이 初無ᄒᆞ되 君明臣忠ᄒᆞ고 祚長年久ᄒᆞ더니 胡神을 立홈으로부터 羌戎이 華ᄅᆞᆯ 亂ᄒᆞ고 主가 庸ᄒᆞ며 臣이 佞ᄒᆞ고 政이 虐ᄒᆞ고 祚가 短ᄒᆞ니 梁武와 齊梁이 足히 明鏡이 될지라 今에 天下애 僧尼─ 數가 十萬에 盈ᄒᆞ니 請컨ᄃᆡ ᄒᆞ여곰 匹配케ᄒᆞ면 곳 十萬餘戶를 成홀지니 男女를 産育ᄒᆞ야 十年을 長養ᄒᆞ고 一紀를 敎訓ᄒᆞ면 可히 ᄡᅥ 足兵ᄒᆞ리이다

上이 詔百官ᄒᆞ야 議其事ᄒᆞ니 唯太僕卿張道源이 稱奕言合理ᄅᆞᆯ 蕭瑀─ 曰佛은 聖人也而奕이 非之ᄂᆞ니 非聖人者ᄂᆞᆫ 無法이니 當治其罪니ᄃᆡ다

上이 百官을 詔ᄒᆞ야 其事ᄅᆞᆯ 議ᄒᆞ니 오직 太僕卿張道源이 奕의 言이 合理홈을 稱ᄒᆞ거ᄂᆞᆯ 蕭瑀─ 曰 佛은 聖人이어ᄂᆞᆯ 奕이 非ᄒᆞ니 聖을 非ᄒᆞ다ᄒᆞᄂᆞᆫ 者ᄂᆞᆫ 無法이니 맛당히 其 罪를 治홀지니이다

奕이 曰 人之大倫이 莫大君父ᄅᆞ어ᄂᆞᆯ 佛이 以世嫡而叛其父ᄒᆞ고 以四

夫而抗天子ᄒᆞ니蕭瑀不生於空桑ᄋᆞᆯ이어 釋義列子云伊尹生於空桑傳記曰伊尹母旣
 孕夢神告之曰臼出水而東走明旦視臼出
東走十里而顧其邑盡爲水身因化爲空桑有莘氏女採桑得嬰兒於空桑中
命之曰伊尹長而賢爲殷湯相按此乃妄誕之說引之但以證傳奕之言耳 乃遵無父之敎ᄒᆞ니非
孝者ᄂᆞᆫ無親이니瑀之謂矣니ᄒᆞ다

奕이曰人의大倫이君父만ᄀᆞᆺᄒᆞ니업거ᄂᆞᆯ佛이世嫡으로ᄡᅥ其父ᄅᆞᆯ叛ᄒᆞ고四夫로ᄡᅥ
天子ᄅᆞᆯ抗ᄒᆞ니蕭瑀ᄂᆞᆫ空桑에生치아니ᄒᆞ얏거ᄂᆞᆯ이에無父의敎ᄅᆞᆯ遵ᄒᆞ니非孝者ᄂᆞᆫ
親이無ᄒᆞᆷ이니瑀ᄅᆞᆯ謂ᄒᆞᆷ이니이다

瑀不能對ᄒᆞ고但合手曰地獄之設이 正爲是人이로다上이亦惡沙
門道士ᅵ苟避征徭ᄒᆞ고不守戒律이러니 皆如奕言ᄒᆞ야乃下詔命有
司ᄒᆞ야沙汰天下僧尼道士ᄒᆞ다 傳出奕

瑀ᅵ能히對치못ᄒᆞ고다ᄆᆞᆫ合手ᄒᆞ야曰地獄의設ᄒᆞᆷ이正히是人을爲ᄒᆞᆷ이로다上이
ᄯᅩᄒᆞᆫ沙門道士ᅵ征役을苟避ᄒᆞ고戒律을不守ᄒᆞᆷ을惡ᄒᆞ엿더니다奕言과ᄀᆞᆺ치ᄒᆞ야
이에詔ᄅᆞᆯ下ᄒᆞ야有司를命ᄒᆞ야天下의僧尼道士를沙汰ᄒᆞ다

六月丁巳에 太白이 經天ᄒᆞ다 秦王世民이 旣與太子建成과齊
王元吉ᄃᆞ有隙이러니恐一朝有變ᄒᆞᆯᄭᅡᄒᆞ야欲出保之어ᄂᆞᆯ上이亦謂世民

日이首建大謀ᄒ야削平海內ᄂᆞᆫ皆汝之功이라吾欲立汝爲嗣ᄂᆞ汝─固辭ᄒ고且建成이年長ᄒ야爲嗣日久ᄒ니吾─不忍奪也─라

六月丁巳에太白이天예經ᄒ다秦王世民이임의太子建成과齊王元吉으로더브러隙이有ᄒ더니一朝에變이有ᄒᆯ사恐ᄒ야出保코자ᄒ거ᄂᆞᆯ上이坐ᄒᆫ世民다려謂ᄒ야日로大謀ᄅᆞᆯ建ᄒ야海內ᄅᆞᆯ削平ᄒᆷ은다汝의功이라ᄒ나汝가固辭ᄒ고建成이年長ᄒ야嗣된지日久ᄒ니吾─참아奪치못ᄒ깃노라

觀汝兄弟ᄒ니似不相容이라同處京邑이면必有紛競ᄒ리當遣汝還行臺ᄒ야居洛陽ᄒ야自陝以東을皆主之라仍命汝建天子旌旗ᄒ야如漢梁王故事라ᄒ리

汝의兄弟ᄅᆞᆯ觀ᄒ니相容치못ᄒᆯ지라京邑에同處ᄒ면반다시紛競이有ᄒ리니맛당히汝ᄅᆞᆯ遣ᄒ야行臺로還ᄒ야洛陽에居ᄒ야陝으로붓터써東을다主ᄒ고仍히汝을命ᄒ야天子旌旗ᄅᆞᆯ建ᄒ노니漢梁王故事와갓게ᄒ리라

世民이涕泣ᄒ고辭以不欲遠離膝下ᄒ어ᄂᆞᆯ建成元吉이與後宮으로日夜에譜訴世民於上ᄒ니上이信之라元吉이密請殺秦王ᄒᆫᄃᆡ上이日

彼有定天下之功ᄒ고罪狀이未著ᄒ니何以爲辭오元吉이曰但應
速殺이니何患無辭ᄅ잇고ᄒᆞᆫ대上이不應ᄒ다
世民이涕泣ᄒ고膝下를遠離코자아니ᄒᆞᆷ으로辭ᄒᄂᆞᆫ지라元吉이密히秦王殺ᄒ기를
請ᄒᆞᆫ대上이日夜에彼가天下를定ᄒᆞᆫ功이有ᄒ고罪狀이未著ᄒ니엇지無辭ᄒᆞᆯ患ᄒ리오元
吉이曰다만應히速殺ᄒᆞᆯ것이니엇지無辭ᄒᆞᆷ을患ᄒ리오ᄒ고上이不應ᄒ다
世民의腹心長孫無忌와高士廉과尉遲敬德等이日夜로勸世
民ᄒ야誅建成元吉ᄒ을ᄂᆞᆫ世民이歎日骨肉相殘은古今大惡이라吾
誠知禍在朝夕이나欲俟其發然後에以義討之ᄒ노니不亦可乎아
世民의腹心長孫無忌와高士廉과尉遲敬德等이日夜로世民을勸ᄒ야建成과元吉
을誅ᄒ라ᄒ거ᄂᆞᆯ世民이歎日骨肉相殘ᄒᆞᆷ은古今에大惡이라吾가진실로禍가朝夕
에在ᄒᆞᆯ줄은知ᄒ노ᄂᆞ그發ᄒᆞᆷ을侯ᄒᆞᆫ然後에義로ᄡᅥ討코자ᄒᆞ면도可치아니ᄒ냐
衆이曰大王이以舜爲何如人고이ᄉ 曰聖人也라ᄂᆞᆫ衆이曰使舜으로浚
井不出이면當爲井中之泥오塗
釋義舜之母早死舜父瞽瞍再娶而生象愛之常欲殺舜後
當使舜穿井舜既入深瞽瞍下土實井舜乃爲匿空傍出去則爲井中之泥오塗

廩不下ᄒ야
下ᄒ야法施後世乎고 是以로 小杖則受고 大杖則走ᄂᆞᆫ 盖所存
者ㅣ 大故也ㅣ라

釋義瞽瞍使舜上塗廩既從
下焚廩舜乃以兩笠自扞而下獲免
則爲廩上之灰ᄂᆡ 安能澤被天

衆이曰大王이舜으로ᄡᅥ何如ᄒᆞᆫ人이라ᄒᆞ나잇고
金井을浚ᄒᆞ고出치아니ᄒᆞ얏스면聖人이나니라衆이曰
ᄒᆞ얏스면廩上의灰가되얏슬지니엇지能히澤이天下에被ᄒᆞ야法이後世에施ᄒᆞ리
오이로ᄡᅥ小杖인즉受ᄒᆞ고大杖인즉走ᄒᆞᆷ은터기存ᄒᆞᆫ밧者ㅣ大ᄒᆞᆫ故니이다

世民이命卜之ᄒᆞ니幕僚張公謹이自外로來ᄒᆞ야 見之ᄒᆞ고 取龜投地
曰卜以決疑어ᄂᆞᆯ今事在不疑ᄒᆞ니 尙何卜乎오리 卜而不吉이면庸得
己乎아於是에定計ᄒᆞ다

世民이命ᄒᆞ야卜ᄒᆞ니幕僚張公謹이外로붓허來ᄒᆞ야見ᄒᆞ고龜를取ᄒᆞ야地에投ᄒᆞ야
고曰卜은ᄡᅥ疑를決ᄒᆞ거늘今에事가不疑ᄒᆞᆷ에在ᄒᆞ니오히려엇지卜ᄒᆞ리오卜ᄒᆞ야
不吉ᄒᆞ면ᄡᅥ시러금已ᄒᆞ랴이에計를定ᄒᆞ다

己未에 太白이 復經天

釋義王氏曰按天官書太白出不經天經天則天下革政韓詩外傳云太日
春見東方以晨爲啓明秋見西方以夕爲長庚晉氏曰太白陰星上公大將

軍之象이라出東當伏西이어西過午爲經天謂晝見午上也늘 傅奕이密奏호티太白이見秦分니 扶問反釋義王氏曰禮春官保章氏以星土辨

九州所封域皆有分星以觀妖祥注鶉首秦也星經云東井輿兒秦之分野雍州也 秦王이當有天下야늘上이以其狀으로授世

民니 於是에世民이密奏호티建成元吉이濫亂後宮고且曰臣

於兄弟에無私毫負늘今欲殺臣나似爲世充建德報讐라고上

이省之고愕然報日明當鞫問니汝宜早參라

己未에太白이다시天에經야거늘傅奕이密奏호티太白이秦分에見거늘秦王이맛당이天下를有리라야늘上이其狀으로써世民을授호티兄弟에私毫도負홈이無호거늘今에臣을殺코자호니世充과建德을爲야報讐홈과如호다호티上이省고愕然히報야日明당히鞫야 汝可히맛당히早參라

庚申에世民이遂帥長孫無忌等야入伏兵於玄武門이라世民이

射建成殺之고尉遲敬德이將七十騎야繼至左右야射元吉

墜馬러니世民이馬逸入林下가為木枝所絓야墜不能起絓古旦反元

(將扼)扼은 與搤同捉也

(元良)記一人元良萬國以貞世子之謂也

吉이 遽至ᄒᆞ야 奪弓將扼之어늘 敬德이 躍馬叱之ᄒᆞ니 元吉이 步欲趨

武德殿이어ᄂᆞᆯ 敬德이 射殺之ᄒᆞ다

庚申에 世民이 드듸여 長孫無忌等을 帥ᄒᆞ야 入ᄒᆞ야 玄武門에 伏兵ᄒᆞ얏더니 建成과 元吉을 射ᄒᆞ야 殺ᄒᆞ고 尉遲敬德이 七十騎를 將ᄒᆞ야 繼至ᄒᆞ야 左右에 伏兵ᄒᆞ야 元吉을 射ᄒᆞ야 墜ᄒᆞ야 能히 起치 못ᄒᆞ지라 元吉의 馬ㅣ 逸ᄒᆞ야 林下에 入ᄒᆞ다가 木枝에 絓ᄒᆞ야 墜ᄒᆞ야 能히 起치 못ᄒᆞ니 元吉이 步ᄒᆞ야 武德殿으로 趨코자 ᄒᆞ거ᄂᆞᆯ 敬德이 射殺ᄒᆞ다

上이 謂裴寂等曰不圖今日에 乃見此事ㅣ니 當如之何오 蕭瑀

陳叔達이 曰建成元吉이 疾秦王의 功高望重ᄒᆞ야 共爲姦謀ᄒᆞ니 今

秦王이 己討而誅之ᄒᆞ니 秦王은 功蓋宇宙에 率土歸心ᄒᆞ니 陛下ㅣ

若處以元良ᄒᆞ야 委之國務면 無復事矣리ᅌᅵ다

上이 裴寂等다려 謂ᄒᆞ야 曰 今日에 이 일을 봄을 圖치 못ᄒᆞ얏스니 맛당히 엇지 홀고 今에 蕭瑀와 陳叔達이 曰 建成과 元吉이 秦王의 功高望重ᄒᆞᆷ을 疾ᄒᆞ야 共히 姦謀를 ᄒᆞ더니 今에 秦王이 임이 討ᄒᆞ야 誅ᄒᆞ니 秦王은 功이 宇宙에 蓋ᄒᆞ고 牽土가 歸心ᄒᆞ니 陛下가 만일 元良으로써 處ᄒᆞ야 國務로 委ᄒᆞ면 다시 事가 無ᄒᆞ리이다

上이 曰善타 此는 吾之夙心也고 癸亥에 立世民 야 爲皇太子 고
又詔 호 自今으로 軍國庶事를 無大小히 悉委太子處決 然後에 聞
奏야 出本記及建成等傳

上이 曰善타 이는 吾의 夙心이라 고 癸亥에 世民을 立 야 皇太子를 삼고 쓰詔 호
今으로 붓허 軍國의 庶事를 大小가 無히 太子의게 委 야 處決 然後에 聞奏 라
温公曰立嫡以長禮之正也 釋義公羊傳隱元年嫡以長不以賢立子以貴不以長注云嫡謂嫡夫人之子尊無與敵故以齒也子謂左右勝及娣姪之子位有貴賤又防其同時而
生故以貴也 然高祖所以有天下皆太宗之功隱太子以庸劣居有右
地嫌勢逼必不相容郷使高祖有文王之明 釋義記檀弓云昔者文王舍伯邑考而立武王注文王之位武王權也伯邑考文王
右爲上也 地道尙左以 隱太子建成也後追封息隱王庸劣謂庸暗愚劣也古者
長子 隱太子有泰伯之賢太王欲傳位於季歷以及昌泰伯知之即與仲雍逃之荆蠻 太宗有子臧之
也 釋義春秋曹宣公庶子子臧乃負芻殺其太子自立晋厲公執之諸侯以子臧賢欲立之子臧辭而奔宋 則亂何自而生哉旣不能然太宗始
欲侯其先發然後應之如此則事非獲已猶爲愈也夫創業垂統之君子孫之所儀刑也
彼中明肅代之傳繼得非有所指擬以爲口實乎
初에洗馬魏徵이常勸太子建成 야 早除秦王 니러及建成이敗
世民이召徵 야謂曰汝何爲離間我兄弟오衆이爲之危懼 徵

舉止自若ᄒ야 對曰先太子ㅣ 早從徵言이면 必無今日之禍 ᅟᅡ라ᄒ더
世民이 素重其才ᄒ야 改容禮之ᄒ고 引爲詹事主簿ᄒ고 亦召王珪
韋挺於巂州ᄒ야

初에 洗馬魏徵이 太子建成을 常勸ᄒ야 秦王을 早除ᄒ라ᄒ더니 及建成이 敗ᄒ매 世
民이 徵을 召ᄒ야 謂ᄒ야 曰汝가 엇지 我의 兄弟를 離間ᄒ얏는고 衆이 反드시 今日의 禍
ᄀᆞ 無ᄒ리라ᄒ고 徵이 擧止가 自若ᄒ야 對ᄒ야 曰先太子ㅣ 徵言을 早從ᄒ얏스면 반드시 今日의 禍
가 無ᄒ리라ᄒ고 世民이 素히 其才를 重히 여겨 容을 改ᄒ야 禮ᄒ고 引ᄒ야 詹事主簿
를 삼고 또 王珪와 韋挺을 巂州에 召ᄒ야다 써 諫議大夫를 삼다

釋義先是楊文幹與建成親善文幹反珪挺省爲太
子官屬故高祖委罪於二人而流於巂州巂戶圭反

世民이 命縱禁苑鷹犬ᄒ고 罷四方貢獻ᄒ고 聽百官이 各陳治道ᄒ야
政令이 簡肅ᄒ니 中外ㅣ 大悅ᄒ라

世民이 命ᄒ야 苑禁에 鷹犬을 縱ᄒ고 四方에 貢獻을 罷ᄒ고 百官이 各히 治道를 陳ᄒᆞ을
을 聽ᄒ야 政令이 簡肅ᄒ니 中外가 大悅ᄒ더라

八月癸亥에 詔傳位於太子ᄒ니 太宗이 卽皇帝位於東宮顯德

殿고赦天下ᄒᆞ다 並出太宗紀釋義此己
下稱上者並是太宗

八月癸亥에詔ᄒᆞ야位ᄅᆞᆯ太子의게傳ᄒᆞ니太宗이皇帝位ᄅᆞᆯ東宮顯德殿에即ᄒᆞ고天下에赦ᄒᆞ다

詔以宮女衆多ᄒᆞ야 出太宗紀 幽閉可愍ᄋᆞᆯ 釋義閉兵媚反閉也 宜簡出之ᄒᆞ야各歸親戚ᄒᆞ야

詔ᄒᆞ야宮女가衆多ᄒᆞ야幽閉가可愍홈ᄋᆞ로ᄡᅥ맛당히簡出ᄒᆞ야各各히親戚에歸ᄒᆞ야

任其適人ᄒᆞ다

그適人ᄋᆞᆯ任케ᄒᆞ다

己卯에突厥이進寇高陵이어ᄂᆞᆯ辛巳에涇州道行軍總管尉遲敬德이與突厥로戰於涇陽ᄒᆞ야大破之ᄒᆞ니癸未에頡利可汗이進至渭水便橋之北ᄒᆞ야 釋義王氏曰長安城北面西頭門曰便門即平門也右者平便字通初漢武帝於此作橋跨渭水上以趨茂陵其道易直號便橋正與便門相對因號便橋 遣其腹心執失思力ᄒᆞ야入見ᄒᆞ고以觀虛實ᄒᆞ야서ᄒᆞ고 釋義執失虜複姓也思力名也 思力이盛稱ᄒᆞ더頡利突厥二可汗이將兵百萬ᄒᆞ야今至矣라ᄒᆞᄂᆞᆯ

己卯에突厥이高陵을進寇ᄒᆞ고辛巳에涇州道行軍摠管尉遲敬德이突厥로더브러涇陽에戰ᄒᆞ야大破ᄒᆞ니癸未에頡利可汗이渭水便橋의北에進至ᄒᆞ야그腹心執

失思力을遣ᄒᆞ야入見ᄒᆞ고ᄡᅥ虛實을觀ᄒᆞᆯᄉᆡ思力이盛히稱ᄒᆞ되頡利와突厥의二可
汗이兵百萬을將ᄒᆞ야今에至ᄒᆞ다ᄒᆞ야ᄂᆞᆯ

上이讓ᄒᆞ야曰吾가汝可汗으로더브러面結和親ᄒᆞ고贈遺ᄒᆞᆫ金帛이前後에無筭ᄒᆞ
거ᄂᆞᆯ汝可汗이스스로盟約을負ᄒᆞ고兵을引ᄒᆞ고深入ᄒᆞ니我엔無愧ᄒᆞ자라汝가비
록戎狄이나ᄯᅩ호人心이有ᄒᆞ거ᄂᆞᆯ엇지시러금大恩을全忘ᄒᆞ고스스로疆盛을自誇
ᄒᆞᄂᆞᆫ고我가이제먼져汝를斬ᄒᆞ리라

上讓之曰吾與汝可汗으로面結和親ᄒᆞ고贈遺金帛이前後無
筭이어ᄂᆞᆯ汝可汗이自負盟約ᄒᆞ고引兵深入ᄒᆞ니於我ᅌᅦ無愧라汝雖戎
狄이나亦有人心이어니何得全忘大恩ᄒᆞ고自誇彊盛고我今先斬汝
矣리라

思力이懼而請命이어ᄂᆞᆯ蕭瑀ㅣ請禮遣之ᄒᆡ上이曰我今
遣還ᄒᆞ면虜謂我畏之야라ᄒᆞ야愈肆憑陵이라ᄒᆞ고乃四思力於門下省ᄒᆞ고
上이自出玄武門ᄒᆞ야與高士廉房玄齡等六騎로徑詣渭水上
ᄒᆞ야與頡利로隔水而語ᄒᆞ샤責以負約ᄒᆞ니突厥이大驚ᄒᆞ야皆下馬羅

麾與撝同
以手指麾
也

拜라러
思力이懼ᄒᆞ야命을請ᄒᆞ거ᄂᆞᆯ蕭瑀와封德彛가禮로遣흠을請ᄒᆞᆫ디上이曰我가今에
還遣ᄒᆞ면虜가我다려畏ᄒᆞᆫ다謂ᄒᆞ야愈肆憑陵ᄒᆞ리라ᄒᆞ고이에思力을留省ᄒᆞ야囚
ᄒᆞ고上이스스로玄武門에出ᄒᆞ야高士廉과房玄齡等六騎로더브러徑으로渭水上
에詣ᄒᆞ야頡利로더브러水를隔ᄒᆞ야話ᄒᆞᆯ새責約흠으로써責ᄒᆞ니突厥이大驚ᄒᆞ야
다馬에下ᄒᆞ야羅拜ᄒᆞ더라
俄而오諸軍이繼至ᄒᆞ니頡利ㅣ見執失思力이不返而上이挺身
輕出ᄒᆞ야軍容이甚盛ᄒᆞ고有懼色이러
俄에諸軍이繼至ᄒᆞ니頡利가執失思力이返치아니ᄒᆞ고上이身을挺ᄒᆞ야輕出ᄒᆞ야
軍容이甚盛흠을見ᄒᆞ고懼色이有ᄒᆞ더라
上이麾諸軍ᄒᆞ야使却而布陳ᄒᆞ고獨留與頡利로語ᄒᆞᆫ디蕭瑀ㅣ以上
輕敵으로叩馬固諫이어ᄂᆞᆯ上이曰吾籌之已熟ᄒᆞ니非卿所知라突厥이
所以敢傾國而來ᄒᆞ야直抵郊甸者ᄂᆞᆫ以我國이內有難ᄒᆞ고朕新
即位에謂我不能扞禦故也라ᄒᆞ니

上이諸軍을을麾ᄒ야하야 곰却ᄒ고獨留ᄒ야頡利로더브러語ᄒ더蕭瑀
가上이輕敵ᄒᄋᆞ로써馬를叩ᄒ며固諫ᄒ거늘上이ᄀᆞᆯᄋᆞ되吾가籌ᄒᆞᆷ이已熟ᄒ니卿
의知ᄒᆞᆯ빅가아니라突厥이써敢히國을傾ᄒ야곳郊甸을抵ᄒᄂᆞᆫ밧者ᄂᆞᆫ써我國이內
로難이有ᄒ고朕이시로位에卽ᄒᆞᆷ이我가能히扞禦치못ᄒ리라謂ᄒᆞᆫ故니라

我若示之以弱ᄒ야閉門拒守ᄒ면虜必放兵大掠ᄒᄂᆞ리不可復制ᄅᆞ
故로朕이輕騎獨出ᄒ야示若輕之ᄒ고又震耀軍容ᄒ야使知必戰이라
出虜不意ᄒ야使之失圖ᄒ면虜入我地旣深ᄒᆞ이必有懼心故로與
戰則克ᄒ고與和則固矣리制服突厥이在此一擧니卿은第觀之
라ᄒ더是日에頡利ㅣ請和ᄒ야ᄂᆞᆯ詔許之ᄒ고卽日還宮ᄒ다

我가만일弱ᄒᆞᆷᄋᆞ로써示ᄒ야門을閉ᄒ야拒守ᄒ면虜가반ᄃᆞ시兵을放ᄒ야大掠ᄒ
리니可히다시制치못ᄒᆞᆯ지라故로朕이輕騎로獨出ᄒ야輕ᄒᆞᆷ을示ᄒ야갓치ᄒ고坐軍
容을震耀ᄒ야ᄒᆞ여곰必戰ᄒᆞᆷ을知케ᄒ야ᄯ다虜의不意에出ᄒ야ᄒᆞ여곰失圖케ᄒ
면虜가我地에入ᄒᆞᆷ이深ᄒᆞᆷ을반듯이懼心이有ᄒ겟ᄂᆞᆫ故로더브러戰ᄒᆞ즉克ᄒ
고더브러和ᄒᆞᆫ즉固ᄒ리니突厥을制服ᄒᆞᆷ이此의一擧에在ᄒᆞᆯ지니卿은第觀ᄒ라是
日에頡利가請和ᄒ거ᄂᆞᆯ詔ᄒ야許ᄒ고卽日로宮에還ᄒ다

乙酉에又幸城西ㅎ야斬白馬ㅎ야與頡利로盟于便橋之上ㅎ니突厥이
引兵退늘蕭瑀ㅣ請於上曰突厥未和之時에諸將이爭請戰
호대陛下ㅣ不許ㅎ시고臣等이亦以爲疑러니旣而오虜自退ㅎ니其策이安
在고
乙酉에坐城西에幸ㅎ야白馬를斬ㅎ야頡利로더브러便橋의上에盟ㅎ니突厥이兵
을引ㅎ야退ㅎ거늘蕭瑀ㅣ上의게請ㅎ야曰突厥이未和의時에諸將이爭ㅎ야戰을
請호대陛下ㅣ許치아니ㅎ시고臣等이坐호써疑ㅎ얏더니旣而오虜가스스로退ㅎ니
其策이어듸잇는잇가
上이曰吾觀突厥之衆ㅎ니雖多而不整ㅎ야君臣之志ㅣ唯賄是
求ㅎ고當其請和之時ㅎ야可汗은獨在水西ㅎ고達官은皆來謁我ㅎ니
我若醉而縛之ㅎ고因襲擊其衆이면勢如拉朽오合反又命長孫無
忌李靖ㅎ야伏兵於幽州ㅎ야以待之ㅎ니虜若奔歸ㅎ든伏兵은邀其前
ㅎ고大軍은躡其後면覆之如反掌耳로다
上이曰내突厥의衆을보니비록多ㅎ나整治못ㅎ야君臣의志가오직賄만이求ㅎ고

詳密註釋通鑑諺解 卷之十

그 請和의 時를 當ᄒ야 可汗은 홀로 水西에 在ᄒ고 達官은 다 來ᄒ야 我에게 謁ᄒᄂ니 我가 만일 醉ᄒ야 縛ᄒ고 因ᄒ야 其 衆을 襲擊ᄒ면 勢가 朽를 拉홈과 如ᄒᆯ지오 ᄯᅩ 長孫無忌와 李靖을 命ᄒ야 幽州에 伏兵ᄒ야써 待ᄒ얏다가 虜가 만일 奔歸ᄒ거든 伏兵은 其前을 邀ᄒ고 大軍은 其後를 躡ᄒ면 覆홈이 反掌홈과 如ᄒ리

所以不戰者는 吾ㅣ 即位日淺에 國家ㅣ 未安ᄒ고 百姓이 未富ᄒᆫ 且

써 不戰홈은 吾가 即位홈이 日淺에 國家가 未安ᄒ고 百姓이 未富ᄒ니 ᄯᅩ 맛당히

當靜以撫之오 一與虜戰ᄒ야 所損이 甚多ᄒ면 虜結怨既深ᄒ야 懼而

修備則吾ㅣ 未可以得志矣라

靜으로ᄡᅥ 撫ᄒᆯ거시오 ᄒᆫ번 虜로더브러 戰ᄒ야 損ᄒᆫ 비가 甚多ᄒ면 虜가 結怨홈이 이믜 深ᄒ야 懼ᄒ야 修備ᄒᆫ즉 吾ㅣ 可히 ᄡᅥ 志를 得치 못ᄒᆯ지라

故로 卷甲韜戈ᄒ야 啗以金帛이면 彼既得所欲이라 理當自退오 志意

驕惰ᄒ야 不復設備ᄒ리니 然後에 養威俟釁이면 一擧可滅也니 將欲

取之딘 必固與之ㅣ니 此之謂也니 卿이 知之乎아

故로 甲을 韜ᄒ고 戈를 韜ᄒ야 金帛으로ᄡᅥ 啗ᄒ면 彼가 이믜 所欲을 得ᄒᆫ지라 理에 맛당히 自退ᄒᆯ 거시오 志意가 驕奢ᄒ야 다시 設備치 아니ᄒ리니 然後에 威를 養ᄒ고 釁

瑀ㅣ再拜曰非所及也ㅣ니이다是年九月에突厥頡利ㅣ獻馬三千匹과羊萬口ㄹ어늘上이不受ᄒᆞ고詔歸所掠中國戶口ᄒᆞ고徵溫彥博ᄒᆞ야還朝ᄒᆞ다 出突厥傳ᄒᆞᆫ及政要

瑀가再拜ᄒᆞ야日及ᄒᆞᆯ바ㅣ아니이다是年九月에突厥과頡利가馬三千四과羊萬口를獻ᄒᆞ거늘上이不受ᄒᆞ고詔ᄒᆞ야掠ᄒᆞᆫ바中國戶口를歸케ᄒᆞ고溫彥博을徵ᄒᆞ야朝에還ᄒᆞ다

上이引諸衞將卒ᄒᆞ야習射於顯德殿庭ᄒᆞ시고諭之曰戎狄侵盜ᄂᆞᆫ自古有之ᄃᆡ患在邊境이라今朕이不使汝曹로穿池築苑ᄒᆞ고專習弓矢ᄒᆞ야居閑無事則爲汝師오突厥이入寇則爲汝將ᄒᆞ리니庶幾中國之民이可以小安乎아

上이諸衞將卒을引ᄒᆞ야射를顯德殿庭에習ᄒᆞ시諭ᄒᆞ야日戎狄의侵盜ᄂᆞᆫ古로부터

有호되患이邊境에在호지라小安호人主가逸遊홈으로戰을忘호나니弓矢를
來호야能히變치못호지라今에朕이汝曹로호야금穿池築苑치아니호고弓矢를
習호야間에居호야事가無호즉汝의師가되고突厥이入寇호즉汝의將이되리나
의中國의民이可히써小安호라

이에日로數百人을引호야射를殿庭에發홀시上이親히臨戰호야中호者는
弓과矢와帛으로써賞호고其將帥를坐호可히上으로考호니羣臣이만히諫호거눌
上이다聽치아니호야日王者는四海를視홈을一家와如히호니羣臣이封域의內는다朕
의赤子라朕이恒常心을推호야其腹中에置호노니奈何로宿衞의士를도호猜忌를
加호랴由是로人이自勵를思호야數年의間에다精銳호더라

上이甞言호딕吾ㅣ自少로經略四方에頗知用兵之要호야每親敵

陳則知其彊弱호야 常以吾弱으로當其强호고 强으로當其弱호니 彼乘
吾弱이 逐奔이 不過數千百步로뒤吾乘其弱이면必出其陳後호야 返
擊之호니 無不潰敗라所以不勝이 多在此也라
出政니
要라

上이嘗言호뒤吾가 少로부터 四方을 經略홈에 자못用兵의 道를 知호야 每히 敵陳을
親히 호즉 그 彊弱을 知호야 항상 吾弱으로써 그 彊을 當호고 彊으로써 吾弱을 當호니
彼가 吾弱을 乘호야 數千百步에 不過호되 吾가 其弱을 乘호면 반다시 그 陳後
로 出호야 返擊호니 潰敗치 아니홈이 無호지라 써 勝치 못홈이 此에 多在호니라

上이面定勳臣長孫無忌等爵邑호샤 命陳叔達호야 於殿下에 唱
名示之호고 且曰朕이 叙卿等勳賞호니 或未當宜어던 各自言호라 於
是에 諸將이 爭功호야 紛紜不已라 淮安王神通이 曰臣이 擧兵關
西호야 首應義旗호어놀 今房玄齡杜如晦等이 專弄刀筆가 功居臣
上이어늘 臣은 竊不服호나니다

上이面으로勳臣長孫無忌等의 爵邑을 定호실시 陳叔達을 命호야 殿下에셔 名을 唱호
야示호고 또 골 으 뒤 朕이卿等의勳賞을 叙호노니 或當宜치 못호거던 各히 스스로 言

ᄒᆞ라이에 諸將이 功을 爭ᄒᆞ야 紛紜히 기를 마지 아니ᄒᆞ는지라 淮安王神通이 曰臣이 兵을 關西에 擧ᄒᆞ야 首로 義旗를 應ᄒᆞ엿거늘 今에 房玄齡과 杜如晦等이 刀筆을 專弄ᄒᆞ다가 功이 臣上에 居ᄒᆞ니 臣은 竊히 不服ᄒᆞ노이다

上이 曰義旗初起에 叔父ㅣ雖首唱擧兵이나 盖亦自營脫禍ㅣ니及寶建德이吞噬山東에 叔父ㅣ全軍覆沒ᄒᆞ고 劉黑闥이 再合餘燼에 叔父ㅣ望風奔北ᄒᆞ고 玄齡等은 運籌帷幄ᄒᆞ야 坐安社稷ᄒᆞ니 論功行賞에 固宜居叔父之先오이 叔父는 國之至親로 朕이 誠無所愛나 但不可以私恩로 濫與勳臣同賞耳라ᄒᆞ
上이 ᄀᆞᆯ오ᄃᆡ 義旗를 初起홈애 叔父ㅣ비록 首唱ᄒᆞ야 兵을 擧ᄒᆞ얏스나 ᄯᅩ ᄒᆞᆫ 스스로 脫禍를 營홈이러니 밋 寶建德이 山東을 呑噬홈애 叔父ㅣ全軍이 覆沒ᄒᆞ고 劉黑闥이 餘燼을 再合홈애 叔父ㅣ望風奔北ᄒᆞ고 玄齡等은 帷幄에 運籌ᄒᆞ야 社稷을 坐安ᄒᆞ니 功을 論ᄒᆞ고 賞을 行홈애 叔父의 先에 居홈이 固宜ᄒᆞ오 叔父는 國의 至親이로ᄃᆡ 朕이 진실노 愛ᄒᆞ는 바ㅣ 업ᄉᆞ니 但히 可히 私恩으로 濫히 勳臣으로 더브러 同賞치 못ᄒᆞᆯ 것이로라

諸將이 乃相謂曰陛下ㅣ至公야 雖淮安王도이라 尙無所私나 吾

儕ㅣ何敢不安其分이리오逐皆悅服이러라出玄이러齡傳라

諸將이이에셔로謂ᄒᆞ야曰陛下ㅣ至公ᄒᆞ야비록淮安王이라도오히려私ᄒᆞ시ᄂᆞᆫ바ㅣ無ᄒᆞ니吾儕가엇지敢히其分을不安ᄒᆞ리오ᄒᆞ더여다悅服ᄒᆞ더라

房玄齡이嘗言ᄒᆞ되秦府舊人이未遷官者ㅣ皆嗟怨曰吾屬이奉事左右ㅣ幾何年矣어늘今除官에反出前宮齊府人之後ᄅᆞᆫ다ᄒᆞᆫ대上이曰王者ᄂᆞᆫ至公無私故로能服天下之心이라朕이與卿輩로日所衣食이皆取諸民者也ㅣ라故로設官分職은以爲民也ㅣ라當擇賢才而用之ㄴ어ᄂᆞᆯ豈以新舊로爲先後哉아必也新而賢고舊而不肖면安可捨新而取舊乎아今不論其賢不肖而直言嗟怨ㅣ豈爲政之體乎아 出政要

房玄齡이嘗言ᄒᆞ되秦府의舊人이遷官치못ᄒᆞᆫ者ㅣ嗟怨ᄒᆞ야曰吾屬이左右에奉事ᄒᆞᆯ이幾何年이어늘今除官에反히前宮齊府人의後에出ᄒᆞ엿다ᄒᆞᆫ대上이曰王者ᄂᆞᆫ至公ᄒᆞ고無私故로能히天下의心을服ᄒᆞ는지라朕이卿輩로더브러日로衣食ᄒᆞᄂᆞᆫ바가다民에取ᄒᆞᄂᆞᆫ바人者라故로官을設ᄒᆞ고職을分ᄒᆞᆷ은ᄡᅥ民을爲ᄒᆞᆷ이니맛당히

賢才를擇ᄒ야用홀것이어놀엇지可히新을捨ᄒ고舊를取ᄒ랴今에그賢과不肖ᄂᆞᆫ論치아니ᄒ고곳嗟怨을言ᄒᆞ니엇지爲政의體라ᄒ랴

不肯ᄒ면엇지可히新을捨ᄒ고舊를取ᄒ랴先後를삼으랴반ᄃᆞ시新이賢ᄒ고舊가

上이於弘文殿에聚四部書二十餘萬卷ᄒ고置弘文館於殿側ᄒ고

精選天下文學之士ᅟᅥᆯ 虞世南褚亮姚思廉歐陽詢蔡允

恭蕭德言等이 以本官으로兼學士ᄒ야 令更日宿直ᄒ고聽朝之隙에

引入內殿ᄒ야 講論前言往行ᄒ고 商確政事ᄒ야 或至夜分乃罷ᄒ고

又取三品已上子孫ᄒ야 充弘文館學生 出儒學ᄒ다傳序

上이弘文殿에四部書二十餘萬券을聚ᄒ고弘文館을殿側에置ᄒ고天下文學의士를精選ᄒ시虞世南과褚亮과姚思廉과歐陽詢과蔡允恭과蕭德言의等이本官으로써學士를兼ᄒ야今日을更ᄒ야宿直ᄒ고聽朝의隙에內殿에引入ᄒ야前言往行을講論ᄒ고政事를商確ᄒ야或夜分에至ᄒ야乃罷ᄒ고坐三品已上의子孫을取ᄒ야弘文館學生을充ᄒ다

民部尙書裴矩ᅠ奏ᄒ대民이遭突厥暴殘者를請戶給絹一匹

上이曰朕이 以誠信으로 御下라 不欲虛有存恤之名而無其實노

戶有小大나 豈得雷同給賜乎아 釋義雷之發聲物無不同時應者故曰雷同 於是에計口爲

率하야

戶有小大나 上이誠信으로 御下하는지라 虛로存恤의 名을 有하고 其實이 無코자 아니하노니 戶가 小大가 有하니 엇지 雷同하 給賜하랴이에 口를 計하야 率을 삼다

民部尙書裴矩ㅣ奏호디民이突厥의暴殘을遭하者를請컨디戶마다絹 一四을給하소셔上이曰朕이誠信으로써御下하는지라虛로存恤의名을有하고其實이無코자아니하노니戶가小大가有하니엇지雷同하給賜하랴이에口를計하야率을삼다

上이 與羣臣으로 論 止盜할서 或이 請重法以禁之늘 上이 哂之曰民之

所以爲盜者는 由賦繁役重하고 官吏貪求하야 飢寒이 切身故로 不

暇顧廉恥耳니 朕이 當去奢省費하고 輕徭薄賦하고 選用廉吏하야 使

民로 衣食이 有餘則 自不爲盜리니 安用重法耶아 自是로 數年之

後에 海內ㅣ 昇平하야 路不拾遺하고 外戶를 不閉하야 商旅野宿焉이라

上이羣臣으로더브러 止盜을 論할시 或이 重法으로써 禁함을請하거늘上이 哂하야曰民이 盜하는바는 賦緊役重하고 官吏가 貪求하야 飢寒이 身에 切함으로 廉恥를 顧함을 不暇함이니 朕맛당히 奢를 去하고 費를 省하고 徭를 輕히하

上이 又嘗謂侍臣曰君依於國ᄒᆞ고 國依於民ᄒᆞᄂᆞ니 刻民以奉君이면 猶割肉以充腹ᄒᆞ니 腹飽而身斃ᄒᆞ고 君富而國亡이라 故로 人君之患이 不自外來ㅣ오 常由身出ᄒᆞᄂᆞ니 夫欲盛則費廣ᄒᆞ고 費廣則賦重ᄒᆞ고 賦重則民愁ᄒᆞ고 民愁則國危ᄒᆞ고 國危則君喪矣라 朕이 常以此로 思之故로 不敢縱欲也ㅣ라ᄒᆞ노라

上이 ᄯᅩ 일ᄌᆨ 侍臣ᄃᆞ려 닐러 닐ᄋᆞ샤ᄃᆡ 君은 國에 依ᄒᆞ고 國은 民에 依ᄒᆞᄂᆞ니 民을 刻ᄒᆞ야ᄡᅥ 君을 奉ᄒᆞ면 肉을 割ᄒᆞ야ᄡᅥ 腹을 充홈과 갓ᄒᆞᆯ지니 腹은 飽ᄒᆞ되 身은 斃ᄒᆞ고 君은 富ᄒᆞ되 國은 亡ᄒᆞᆯ지라 故로 人君의 患이 外로부터 來치 아니ᄒᆞ고 恒샹 身으로 由ᄒᆞ야 出ᄒᆞᄂᆞ니 ᄃᆡ져 盛코자 ᄒᆞ면 費가 廣ᄒᆞ고 費가 廣ᄒᆞᆫ즉 賦가 重ᄒᆞ고 賦가 重ᄒᆞᆫ즉 民이 愁ᄒᆞ고 民이 愁ᄒᆞᆫ즉 國이 危ᄒᆞ고 國이 危ᄒᆞᆫ즉 君이 喪ᄒᆞᄂᆞᆫ지라 朕이 항샹 此로ᄡᅥ 思ᄒᆞᄂᆞᆫ故로 敢히 縱欲지 못ᄒᆞ노라

上이 謂裴寂曰比多上書言事者를 朕皆粘之屋壁ᄒᆞ고 得出入

省覽호야 每思治道호야 或深夜方寢호노 公輩도 亦當恪勤職業호야
副朕此意호라 出政要

上이 裴寂다러 謂호야 曰比에 多히 上書호야 事를 言호는 者ㅣ 朕이 屋壁에 粘호고 시러 곰 出入에 省覽호야 미양 治道를 思호야 或深夜에 바야으로 寢호노니 公輩도 坯호 맛당히 職業을 恪勤히 호야 朕의 此意를 副케호라

上이 勵精求治호샤 數引魏徵入臥內호야 訪以得失에 徵이 知無不 言호눈 上이 皆欣然嘉納호다 出魏鄭公諫錄

上이 精을 勵호야 治를 求호실자 조魏徵을 引호야 臥內에 入호야 得失로써 訪홈이 徵 이 知홈은 言치 아님이 無호니 上이다 欣然이 嘉納호다

上이 遣使點兵호야 封德彛ㅣ奏호딕 中男이 雖未十八이어 其軀幹壯大 者면 亦可幷點이라 與釋義並이니라 上이 從之호야 敕出이어눌 魏徵이 固執호고 以爲 不可라호야 不肯署敕이어 至于數四에 上이 怒호야 召而讓之曰中男 壯大者를 乃奸民이 詐妄호야 以避征役이어니 取之何害而卿이 固 執至此오

(中男) 唐制民年十六을 謂之中이오 二十一을 成丁이라 男年十八이 始充一役이 丁力一役이 丁

上이使를遣ᄒᆞ야兵을點ᄒᆞᆯᄉᆡ封德彝ㅣ奏호ᄃᆡ中男이비록十八이아니나그軀幹이
壯大ᄒᆞᆫ者면ᄯᅩ可히並點ᄒᆞᆯ지니다上이從ᄒᆞ야敕出ᄒᆞ야魏徵이固執ᄒᆞ야不
可라ᄒᆞ야署敕을不肯ᄒᆞ미數四에至ᄒᆞ거ᄂᆞᆯ上이怒ᄒᆞ야召讓ᄒᆞ야曰中男壯大ᄒᆞᆫ者
ᄅᆞᆯ이에奸民이詐妄ᄒᆞ야ᄡᅥ征役을避ᄒᆞ려ᄒᆞ거ᄂᆞᆯ取ᄒᆞ미何害가되야卿이固執ᄒᆞ미
此에至ᄒᆞ나뇨
對曰夫兵은在御之得其道오不在衆多ㅣ陛下ㅣ取其壯健
ᄒᆞ야ᄡᅥ道로御ᄒᆞ면ᄯᅩ足히ᄡᅥ無敵於天下에在ᄒᆞ고衆多에치아니ᄒᆞ니陛下ㅣ그壯
健을取ᄒᆞ야道로써御ᄒᆞ면足히ᄡᅥ天下에無敵ᄒᆞ리엇지반다시細弱을多取ᄒᆞ
야ᄡᅥ虛數를增ᄒᆞ리잇가陛下ㅣᄆᆡ양云ᄒᆞ시ᄃᆡ吾가誠信으로ᄡᅥ天下를御ᄒᆞ야臣民
으로ᄒᆞ야곰다欺詐가업게코자ᄒᆞ리라ᄒᆞ더니今에即位ᄒᆞ지未幾에失信ᄒᆞᆫ者ㅣ
數이니다
以道御之면足以無敵於天下ㅣ어ᄂᆞ何必多取細弱ᄒᆞ야以增虛數
乎아且陛下ㅣ每云誠信으로御天下ᄒᆞ야欲使臣民으로皆無欺詐ㅣ러니
今即位未幾에失信者ㅣ數矣다
對ᄒᆞ야曰ᄃᆞ져兵은御홈이其道를得홈에在ᄒᆞ고衆多에在ᄒᆞ지아니ᄒᆞ니陛下ㅣ그壯
健을取ᄒᆞ야道로써御ᄒᆞ면足히ᄡᅥ天下에無敵ᄒᆞ리엇지반다시細弱을多取ᄒᆞ
야ᄡᅥ虛數를增ᄒᆞ리잇가陛下ㅣᄆᆡ양云ᄒᆞ시ᄃᆡ吾가誠信으로ᄡᅥ天下를御ᄒᆞ야臣民
으로ᄒᆞ야곰다欺詐가업게코자ᄒᆞ리라ᄒᆞ더니今에即位ᄒᆞ지未幾에失信ᄒᆞᆫ者ㅣ
數이니다
上이愕然曰朕이何爲失信고對曰陛下ㅣ初即位에下詔云通
負官物釋義逋奔謨反亡也受貸不償曰負悉令蠲免ᄒᆞ며라有司ㅣ以爲負ᄒᆞ야秦府國司

(徵復)方言更已
(散還)方言既已
輸之物而
復徵之也

者ㅣ非官物ᄒᆞ야 徵督이 如故ㅣ니 陛下ㅣ以秦王으로 升爲天子ㅣ라 國
司之物은 非官物而何ㅣ고
上이 愕然ᄒᆞ야 曰朕이 失信ᄒᆞ얏ᄂᆞᆫ고 對ᄒᆞ야 曰陛下가 初로 即位ᄒᆞ심이 下詔ᄒᆞ야 秦府
云호ᄃᆡ 官物을 通貢ᄒᆞᆷ을 다 免ᄒᆞ리라 ᄒᆞ더니 有司ㅣ 以 貢이 되거늘 秦
國司者ㅣ 官物이 아니라 ᄒᆞ야 徵督ᄒᆞᆷ이 故와 如ᄒᆞ니 陛下ㅣ秦王으로 升ᄒᆞ야 天子
가 되신지라 國司의 物은 官物이 아니고 何ㅣ고
又曰關中은 免二年租調ᄒᆞ고 關外ᄂᆞᆫ 給復一年고
其賦役也
有敕云호ᄃᆡ 已役已輸者ᄂᆞᆫ 以來年으로 爲始라 ᄒᆞ야
更徵ᄒᆞ니 百姓이 固已不能無恠ㅣ러니 今既徵得物에 復 散還之後에 方復
謂來年爲始乎ㅣ아 陛下ㅣ所與共治天下者ᄂᆞᆫ 在於守宰ㅣ어ᄂᆞᆯ 點爲兵ᄒᆞ니 何
居常簡閱을 咸以委之ᄒᆞ고 至於點兵ᄒᆞ야 獨疑其詐ᄒᆞ니 豈所謂以
誠信으로 爲治乎ㅣ가잇
도ᄀᆞᆯ오ᄃᆡ 關中은 二年租調를 免ᄒᆞ고 關外ᄂᆞᆫ 復一年을 給ᄒᆞ고 既而오 繼ᄒᆞ야 勅이 잇
셔 云호ᄃᆡ 已役已輸ᄒᆞᆫ 者ᄂᆞᆫ 來年으로ᄡᅥ 爲始라 ᄒᆞ야 散還의 後에 方히 다시 更徵ᄒᆞ니

百姓이 진실로 님의 能히 惟가 無치 안터니 今에 임이 徵ᄒᆞ야 物을 得홈이 다시 點ᄒᆞ야
兵을 솜으니 엇지 來年으로 始ᄒᆞ다 謂ᄒᆞ릿가 陛下ㅣ 더브러 天下를 共治ᄒᆞᄂᆞᆫ 밧者ᄂᆞᆫ
눈 守宰에 在ᄒᆞ거늘 居常簡閱을 다 써 委ᄒᆞ고 點兵홈에 至ᄒᆞ야ᄂᆞᆫ 獨히 其詐를 疑ᄒᆞ니
엇지 誠信으로 써 治ᄒᆞ다 ᄒᆞ릿가

上이 悅ᄒᆞ야 曰 卿者에 朕이 卿이 固執ᄒᆞᆷ으로 써 卿이 政事에 不達ᄒᆞᆷ은 疑ᄒᆞ얏더니 今
에 卿이 國家大體를 論홈이 진실로 그 精要를 다ᄒᆞ니 號令이 不信ᄒᆞ즉 民이 從ᄒᆞᆯ
바를 知치 못ᄒᆞ리니 天下를 何由로 治ᄒᆞ랴 朕의 過가 深ᄒᆞ도다 이에 中男을 點치 아니
ᄒᆞ고 徵金甖을 賜ᄒᆞ다

ᄒᆞ出鄭公
다諫錄

上이 悅曰 曩者에 朕이 以卿固執으로 疑卿不達政事러니 今卿이 論
國家大體ᄒᆞ야 誠盡其精要ᄂᆞᆫ 夫號令이 不信則民不知所從ᄒᆞᄂᆞ니
天下를 何由而治乎아 朕過深矣로다 乃不點中男ᄒᆞ고 賜徵金甖
ᄒᆞ다

張蘊古ㅣ 上大寶箴ᄒᆞᆫᄃᆡ 其略에 曰聖人이 受命ᄒᆞ야 拯溺亨屯ᄒᆞᄂᆞ니 釋義 王氏
曰 出溺爲
拯溺ᄒᆞ고 故로 以一人으로 治天下ᄒᆞ고 不以天下로 奉一 拯溺ᄒᆞ고 亨通ᄒᆞᄂᆞ
니屯難也言亨通天下之屯難也

人이라고 又曰壯九重於內도라 釋義楚辭君之門九重註關門遠郊門近郊門城門皐門庫門雉門應門路門所居는不過容

膝이어늘 彼昏不知는 瑤其臺而瓊其室ᄒᆞ고 釋義汲冢古文桀作瓊宮瑤臺紂作瓊室立玉門其大三里高千尺七年乃成

八珍於前이라 釋義王氏曰禮膳夫珍用八物一淳熬淳之純反沃也熬煎也煎成之二淳母母讀作模象也作此象淳熬三炮取豚若牂刲之實棗於其腹稻上沃之以膏以苴

之塗之以墐塗炮之四擣珍取肉必挾冬青肉擣捶之五漬取牛肉新殺者薄切甚美酒期朝而食之六爲熬於火上爲之今火脯也七糝取牛羊豕肉三如一小切之肉一稻米二合以爲餠煎於

其膋炙之賓 所食은 不過適口어들 唯狂罔念은 丘其糟而池其酒ᄒᆞ고 釋義諸本作汝汝誤按王氏曰左傳襄二十四年何沒々

腸間脂音遼 勿察察而明 雖晃烺ᅵ 蔽目而視於未形 又曰勿沒沒而闇ᄒᆞ고 釋義汲冢古文桀作酒池可以運船糟堤可望十里紂爲酒池回盤糟丘而牛飮者三千餘人爲輩

也註沒々沈沒 之言沒々一音妹 雖黈纊ᅵ 塞耳而聽於無聲 釋義黈黃色纊新絮也以黃綿爲丸用組垂之於冕當兩耳傍

聽也黈他口反 上이 嘉之ᄒᆞ야 賜以束帛ᄒᆞ고 除大理丞ᄒᆞ다 出本傳
之旅雖不同絡乘皆過目
所以塞聰示不外耳라ᄒᆞ야ᄂᆞᆯ

十二不如是不爲藪明其諸臣
張蘊古가大寶箴을上ᄒᆞ니略曰聖人이命을受ᄒᆞ야亨屯을拯溺ᄒᆞ니

거늘 唯狂罔念은 其糟로 丘ᄒᆞ고 其酒로 池를 ᄒᆞ다 고 또 닐오ᄃᆡ 沒々ᄒᆞ야 闇치말고

모ᄒᆞ고 其室을 瓊으로 ᄒᆞᆯ지라도 居ᄒᆞ는 바는 膝을 容ᄒᆞᆷ에 不過ᄒᆞ고 八珍을 前에 羅ᄒᆞ야 食ᄒᆞᆯ지라도 食ᄒᆞ는 바는 適口에 不過ᄒᆞ고

壯케ᄒᆞ얏슬지라도 居ᄒᆞ는 바는 容치못ᄒᆞᆷ을 其臺를 瑤로
오로ᄡᅥ 天下를 治ᄒᆞ고 天下는 한 사람을 奉ᄒᆞ는것이 아니ᄒᆞ니 그러모로 九重을 內에

또 갈오ᄃᆡ 壯九重於內라 ᄒᆞ니 말은 彼昏不知ᄂᆞᆫ

(一) 司門令
(二) 司門
史 — 屬天下門開閉有出入之籍賦令人史六

察察ᄒᆞ야明치말나니비록冤旋가目을蔽ᄒᆞ되未形에視ᄒᆞ고비록鼈續이耳를塞ᄒᆞ야도無聲에聽ᄒᆞ다ᄒᆞ야ᄂᆞᆯ上이嘉히여거束帛으로써賜ᄒᆞ고大理丞을除ᄒᆞ다

上이患吏多受賕ᄒᆞ야 釋義賕ᄂᆞᆫ由反以財物枉法相謝 密使左右로試賂之ᄒᆞ더니有司門令史ㅣ受絹一匹ᄒᆞ여ᄂᆞᆯ 上이欲殺之ᄒᆞ더시니 民部尙書裴矩ㅣ諫曰爲吏受賂ᄂᆞᆫ罪誠當死ᄒᆞ나但陛下ㅣ使人遺之而受ᄒᆞ니乃陷人於法也니恐非所謂道之以德ᄒᆞ며齊之以禮니이다

上이悅ᄒᆞ야召文武五品己上ᄒᆞ야告之曰裴矩ㅣ能當官力爭ᄒᆞ고不爲面從ᄒᆞ니儻每事를皆然ᄒᆞ리니何憂不治ᄒᆞ리오 出本傳

上이更가賕ᄅᆞᆯ受ᄒᆞᆷ을患ᄒᆞ야密히左右로ᄒᆞ야곰賕ᄒᆞ더司門令史가絹一匹을受ᄒᆞ이 있거ᄂᆞᆯ上이殺코자ᄒᆞ더民部尙書裴矩ㅣ諫ᄒᆞ야曰吏가되야賂ᄅᆞᆯ受ᄒᆞ니罪가진실로當死ᄒᆞᆯ지나다만陛下ㅣ人으로ᄒᆞ야곰遺ᄒᆞ이안일새ᄎ로ᄒᆞ이 밧고 受ᄒᆞ니이人에ᄂᆞᆯ法에陷케ᄒᆞᆷ이이론바德으로써道ᄒᆞ고禮로써齊ᄒᆞᆷ이안일새ᄎ로노이다

上이悅ᄒᆞ야文武五品己上을召ᄒᆞ야告ᄒᆞ야曰裴矩가能히官에當ᄒᆞ야力爭ᄒᆞ고面從치아니ᄒᆞ니儻히每事를다그러케ᄒᆞ리니엇지不治ᄒᆞᆷ을憂ᄒᆞ리오

溫公曰古人有言君明臣直裴矩佞於隋而忠於唐非其性之有變也君惡聞其過則忠化為佞君樂聞直言則佞化為忠是知君者表也臣者景也 釋義景於領反古影字後人加彡 表動則景隨矣

詳密註釋通鑑諺解卷之十 終

詳密註釋通鑑諺解 卷之十

複製不許

詳密註釋 通鑑諺解 卷之十

重版 印刷●2001年　3月　20日
重版 發行●2001年　3月　26日
校　閱●明文堂編輯部
發行者●金　東　求
發行處●明　文　堂
　　　　서울특별시 종로구 안국동 17~8
　　　　대체　010041-31-001194
　　　　전화　(영) 733-3039, 734-4798
　　　　　　　(편) 733-4748
　　　　FAX 734-9209
　　　　등록　1977. 11. 19. 제1~148호

●낙장 및 파본은 교환해 드립니다.
●불허복제・판권 본사 소유.

값 6,000원
ISBN 89-7270-643-4 94910
ISBN 89-7270-049-5(전15권)

천하일색 양귀비의 생애
小說 揚貴妃
井上靖 著/安吉煥 譯/

自然의 흐름에 거역하지 말라
장자의 에센스 莊子
安吉煥 編譯/

仁과 中庸이 멀리에만 있는 것이드냐
孔子傳
金荃園 編著/

백성을 섬기기가 그토록 어렵더냐
孟子傳
安吉煥 編著/

영원한 신선들의 이야기
神仙傳
葛洪稚川 著/李民樹 譯/

戰國策
金荃園 編著/

宋名臣言行錄
鄭鉉祐 編著/

人間孔子
행동으로 지팡이를 삼고
말씀으로 그림자를 삼고
李長之 著/金荃園 譯/

東洋傳記文學選集

小說 孫子
鄭麟永 著/文熙奭 解/

小說 칭기즈칸
李文熙 著/高炳翊 解/

小說 孔子
宋炳洙 著/李相殷 解/

小說 老子
安東林 著/具本明 解/

老子와 道家思想
金學主 著/

孔子의 生涯와 思想
金學主 著/

梁啓超
毛以亨 著/宋恒龍 譯/

동양인의 哲學的 思考와
그 삶의 세계
宋恒龍 著/

老莊의 哲學思想
金星元 編著/

白樂天詩研究
金在乘 著/신국판/

中國現代詩研究
許世旭 著/신국판 양장/

中國人이 쓴 文學槪論
王夢鷗 著/李章佑 譯/신국판 양장/

中國詩學
劉若愚 著/李章佑 譯/신국판 양장/

中國의 文學理論
劉若愚 著/李章佑 譯/신국판 양장/

명문당 서울시 종로구 안국동 17-8
TEL:733-3039, 734-4798 FAX:734-9209

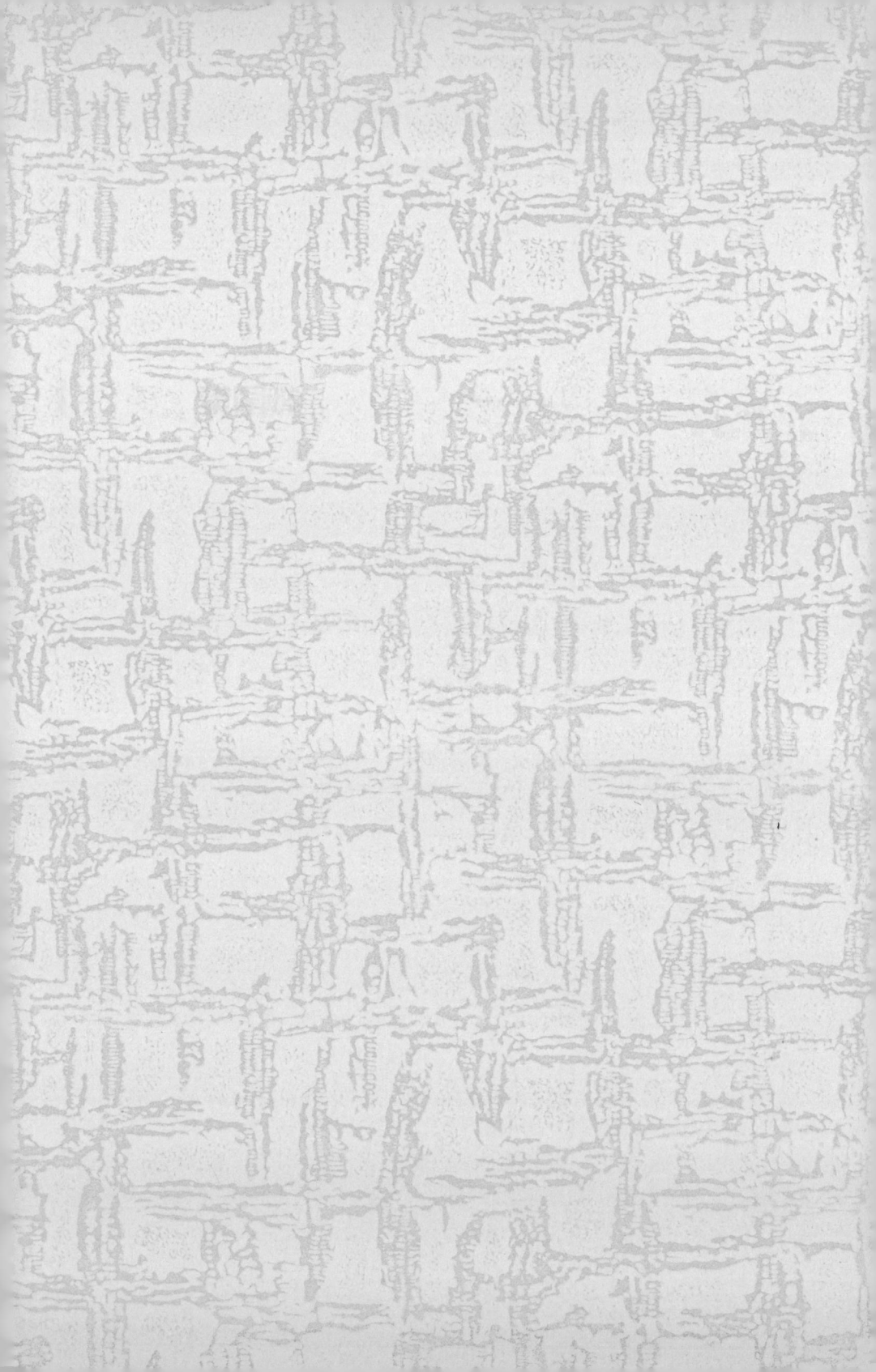

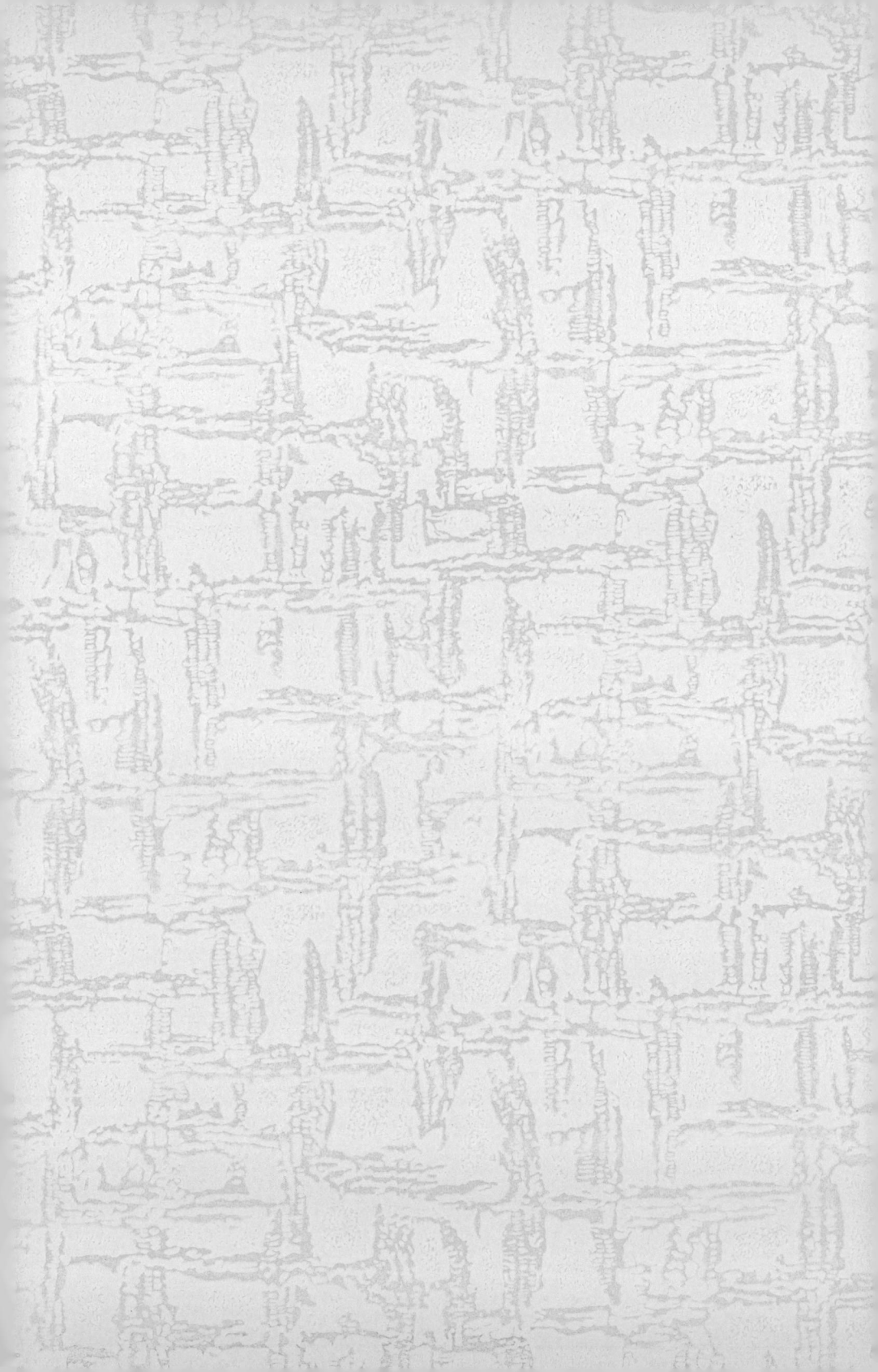